Günther Dellbrügger

AKTIVE PAUSE

Günther Dellbrügger

AKTIVE PAUSE

Plädoyer für einen neuen Zeitbegriff

Verlag Urachhaus

ISBN 978-3-8251-5105-8

Erschienen 2016 im Verlag Urachhaus
www.urachhaus.com

Umschlaggestaltung: Rothfos & Gabler, Hamburg
Umschlagabbildung: © plainpicture / Cultura
Gesamtherstellung: CPI books GmbH, Leck

INHALT

Einleitung: Sinn für Pause 9

1 Von der Zeit zur Uhr 13
2 Urbilder der Pause 20
3 Sabbat – Sonnabend – Sonntag 27
4 Wiedergewinnung der Zeit 39
5 Schöpfung aus dem Nichts 45
6 Im »und« lebt eine Welt 52
7 Zeit-Zeuge werden aus der Kraft des Verweilens 57
8 Pausenlose Gesellschaft 64
9 Richtungspause – Wandlungspause – Bereitschaftspause 71
10 Slow! 75
11 Schweigen als Pause 80
12 Stille hören 86
13 Momo in uns 90
14 Die versiegelte Zeit: Andrej Tarkowskijs Idee des Films als Zeitkunst 93
15 Zeitinseln schaffen im Kampf für die Freiheit des Menschen 99

Ausblick: Zeit schenken 103

Anhang 1: Anfang der Zeit 105
Anhang 2: Augenblick und Ewigkeit 111
Anmerkungen 121

Zack
Zack
Ruck
Zuck
WOZU

(Wirtschaftsmagazin brandeins)

*

Jeder Tag ohne Pause ist ein Irrtum,
denn des Menschen Engel ist die Pause.

(Karlheinz A. Geißler)

EINLEITUNG
SINN FÜR PAUSE

Verbringe jeden Tag
einige Zeit mit dir selbst.
Dalai Lama

Das Verhältnis des modernen Menschen zur Zeit tritt drastisch ins Bewusstsein an den gängigen Ausdrücken »keine Zeit haben, die Zeit vertreiben, die Zeit totschlagen«. Der technische Fortschritt hat sein Versprechen, Zeit zu gewinnen, letztlich nicht eingelöst, im Gegenteil! Der Mensch der modernen Welt fühlt sich gehetzt, gestresst, unter Zeitdruck und wird infolgedessen häufig krank.[1]

Und so wächst langsam eine neue Wertschätzung der Zeit, ihre Bedeutung für das menschliche Leben und für den sinnvollen Umgang mit ihr. Zu der »Entdeckung der Langsamkeit« (Nadolny) möchte ich mit diesem Buch zur *Entdeckung der Pause* beitragen. Denn bei der Überfülle der Zeit-Literatur erstaunt es, dass die Pause bisher so stiefmütterlich behandelt wurde.[2] Aber je stärker wir unter der Pausenlosigkeit unseres modernen Lebens leiden, desto mehr werden wir wieder *Sinn für Pause* bekommen, für ihre erquickende, schöpferische und heilsame Wirkung.

Die Pause als eigene Qualität im Strom der Zeit ist eine Wohltat für den Menschen in seiner Ganzheit. Die Pausen, und zwar die rechtzeitigen Pausen *vor* Ermüdung, bringen eine ungeahnte physische Leistungssteigerung. Wir sind heute im Begriff, diese Fähigkeit der *rechtzeitigen Pause* als »Zeitmanagement« für unser eigenes Leben zu lernen und davon zu profitieren. Der Seele ermöglicht die Pause ein Ausatmen, Loslassen, Abstand gewinnen, Träumen und vieles mehr. Hierbei ist nicht ihre Länge das Entscheidende, sondern ihr Erfülltsein! Wenn es wahr ist, dass jeder Tag gleich lang ist, aber unterschiedlich breit, woran liegt das? Wann wird ein Tag zu einer »Schmalspur«, wann breitet sich etwas aus an diesem Tag, wann springt er aus der vorgegebenen Spur?

In diesem Zusammenhang scheint es mir sehr wichtig, dass wir uns unser eigenes inneres Zeiterleben bewusster machen und ernst nehmen. Es ist viel realer für unser Leben als die Tyrannei der Uhr! Ob Stunden und Tage Breite, Fülle, Dichte bekommen, hängt von der Intensität unseres Erlebens und diese wiederum von unserer Aufmerksamkeitskraft, unserer Achtsamkeit ab. Gewohntes neu zu erleben, ist eine hohe Kunst. »Wenn Sie nach einer Ihrer vielen Geschäftsreisen zurückkehren und beim Zubettgehen das Schokoladentäfelchen auf Ihrem Kopfkissen vermissen«[3] – dann ist es Zeit umzudenken: Die Seele bedarf der Pausen, um nicht zu verkümmern.

Eine weitere Dimension der Pause betrifft den menschlichen Geist und kann als *vertikale Pause* erlebt werden. Momente werden zu Lichtungen in der Zeit, zu Blitzen, zu Schneisen für den Geist – ungeahnt und ungeplant. Davon wusste u.a. die Dichterin Hilde Domin (1909–2006). Ihr bis heute wegweisendes Buch *Wozu Lyrik heute* (1968) ist ein flammendes Plädoyer für die Pause, für Lyrik als Pause, notwendig für das geistige Überleben der Menschheit, was sich wohl von allen Künsten sagen lässt.

Wie sind wir an diesen desolaten Punkt in unserer Zivilisation gekommen? Mit der Zerteilung, ja Zersplitterung der Zeit, mit ihrer Verdinglichung wurde auch der Mensch seiner Wesenhaftigkeit beraubt und einer Verdinglichung unterworfen. Zunächst lebte der Mensch lange im Einklang mit dem Zeitrhythmus der Natur. Erst um 1300 wurde die mechanische Räderuhr erfunden, und als Turmuhr hat sie Jahrhunderte lang das Leben der Menschen gegliedert. 1748 prägte Benjamin Franklin (1706–1790) die langlebige Devise »Zeit ist Geld«. Der Mensch geriet unter das Diktat der Beschleunigung und der Ökonomie. Haben und immer mehr haben wurde zum Ziel des Lebens.

Heute wird in Nanosekunden gerechnet. Was hat das mit mir als Mensch noch zu tun? Durch stetig wachsende Beschleunigung haben wir Substanz und Orientierung verloren. Das Sein wird vom Haben verdrängt. Es gedeiht nur noch in Freiräumen oder Frei-Zeiten, in den Pausen, die – selbstbestimmt und schöpferisch verbracht – das Wesentliche im Menschen stärken.

Die Devise der Stunde könnte lauten: *Zeit ist Gold!* Darin leuchtet ihre Bedeutung auf: Zeit ist des Menschen höchstes Gut.

1 VON DER ZEIT ZUR UHR

Die Europäer haben die Uhr,
wir haben die Zeit.
(aus Südamerika)

Es ist für uns schwer vorstellbar, dass für eine frühere Menschheit einmal *alles vom Göttlichen durchdrungen* war: das Wehen des Windes, das Rauschen des Meeres, das Wachsen der Pflanzen, das Leben der Tiere und Menschen. Insbesondere aber wurden als göttlich erlebt: das ewige Antlitz der Sterne, die so verschieden erstrahlenden Planeten in ihren je eigenen ewigen Bahnen, der Lauf der Sonne. *Auch die Zeit selber war Ausdruck göttlichen Wirkens.* Man erlebte darin das Handeln und Erscheinen der Götter. Zeit war *sakrale Zeit*, ein heiliges, von den Göttern geschenktes Gut. Zeit war *Gnade*. Denn nur in der Zeit kann sich Leben, Freiheit, Entwicklung abspielen, »zeitigen«. Zeit wurde erlebt wie ein heiliger Mutterschoß alles Werdens. Zeit ist aber auch die Strenge des Endes, des »Vorüber und nie wieder«, Zeit des Abschieds und des Vergehens. Die Griechen erlebten deshalb zwei polare Gesten in der Zeit, in denen zwei sehr gegensätzliche Götter sich offenbarten.

»Kairós« wirkt so, dass der Mensch – ist er dafür vorbereitet und empfänglich – die Gunst der Stunde erspüren, die Gelegenheit beim Schopf ergreifen, ein »Zeitfenster« wahrnehmen und etwas tun kann, was nicht vorher, nicht nachher möglich war bzw. sein wird, sondern nur jetzt! Kairós schafft Gelegenheiten, Chancen, günstige Konstellationen, schenkt überraschende

Begegnungen, lässt Menschen und Dinge »zufällig« zusammentreffen, gestaltet Schicksal.

Aber was das Schicksal einem da »in die Hand spielt«, lässt uns dennoch frei, es ist Angebot – oft nicht zum »Sparpreis«, sondern wie sich später zeigt mit harter Arbeit verbunden. Gelegenheiten kann man nicht »machen«, sie kommen unversehens, sind Spuren des Kairós. Und bin ich nicht wach, sind sie vorüber, ehe ich sie bemerkt habe.

Ganz anders »Chronos«. Er ist Namenspate unseres »Chronometers«, der mechanischen Uhr geworden. Er frisst wie Kronos – so die griechische Mythologie – seine eigenen Kinder. So grausam wird mitunter auch Zeit erlebt: Alles geht vorbei, alles ist vergänglich, was erblüht, verwelkt, was sich erfüllt, bleibt nicht ewig bestehen. Die Zeit vernichtet selber, was sie ermöglicht und hervorgebracht hat.

Also gibt es nichts Ewiges? Nichts, was der Zeit enthoben ist, kein zeitloses Sein?

Wenn wir von Zeit sprechen, denken wir oft nur an Zeitmessung. Ja, es gibt die Auffassung, nur messend könne man die Zeit erfassen. Denn nur dann tritt sie äußerlich gegenüber, wird objektiv greifbar. Diese Objektivierung der Zeit, um sie anschaulich und messbar machen zu können, hat eine Entwicklung hinter sich, die zugleich die Entwicklung der Menschheit sichtbar macht.

Ein indigener Stamm im Urwald des Amazonasgebietes kennt in seiner Sprache nur die Gegenwart, aber keine Vergangenheit oder Zukunft! *Alles ist Gegenwart* oder anders gesagt: *Gegenwart ist alles!* Das Licht bzw. der *Aufblick zur Sonne* gibt ihnen das Zeitgefühl für das, was zu tun und zu lassen ist.

Zeit wird als ausgebreitete Gegenwart über den gesamten

Zeithorizont hin erlebt, und es fehlt ein spezifisches Bewusstsein von dem, was vorüber ist und von dem, was kommen wird.

Der Beginn des Ackerbaus war auch im Bezug auf das Zeitbewusstsein eine Revolution. Der Mensch nahm jetzt Veränderungen im Jahreslauf bewusster wahr: Wachstumszeiten, Blüh- und Fruchtzeiten. Es entstand der Gedanke, diesen Naturprozess selber nachzuahmen. So wurden die ersten Hochkulturen gegründet und eine ungeheure revolutionäre Entwicklung eingeleitet, die bis heute nicht abgeschlossen ist.

Der Mensch emanzipierte sich nach und nach von der Natur. Dasselbe geschah im Bezug auf die Zeitmessung: Es wurden die ersten *Sonnenuhren* erfunden. Die Sonne wurde sozusagen auf die Erde geholt. Als Kinder waren wir wohl alle von der Sonnenuhr fasziniert und darüber erstaunt, dass man die Zeit am sich verändernden Schatten des Stabes ablesen kann. Aber scheinen muss sie!

Ein weiterer wesentlicher Schritt, der die Entwicklung der Menschheit signifikant spiegelt, ist die Erfindung der mechanischen Uhr. Bei allen mechanischen Uhren, sei es am Kirchturm, sei es bei der Stand- oder der Armbanduhr, blieb zunächst das Bild des *Kreises* durch das Ziffernblatt erhalten! Der Zeiger zeigt an, macht mathematisch sichtbar den Umlauf der Sonne, wie wir ihn tagtäglich erleben. Die mechanische Uhr leistet einen großen Schritt zur *Abstraktion*. Sie abstrahiert davon, dass die Tage im Sommer länger, im Winter kürzer sind. Sie *egalisiert* die Stunde, während noch die Römer sich einig waren, dass *dieselbe Anzahl von Stunden* im Sommer länger, im Winter kürzer war! Die Mechanik schiebt sich immer mehr vor das kosmische Bild. Ein letztes kosmisches Element blieb aber erhalten, indem man mit der Zwölfheit rechnete und sie dem Ziffernblatt zugrunde legte. An älteren öffentlichen Uhren sieht man den Ziffern für die Stunden die *Tierkreiszeichen* zugeordnet. Die Zeiger der Uhr bilden im Grunde den Umlauf der Sonne durch den kosmischen Kreis der zwölf Tierkreiszeichen ab.

Doch die Zeitmessung wurde immer weiter verfeinert. Mit der Einführung von 60 Minuten pro Stunde und 60 Sekunden pro Minute wurde das Bild des Tierkreises verlassen. Heute messen wir in Hundertstelsekunden usw. Aber wo ist dabei die Zeit als Gegenwart geblieben? Denn unsere gemessene Gegenwart wird unendlich klein, geht mathematisch gegen null.

Wie sehr stehen wir damit im Gegensatz zu den erwähnten Ureinwohnern im Amazonasgebiet, deren Gegenwartsbewusstsein bis heute so groß ist, dass Vergangenheit und Zukunft darin aufgehen. Zeit ist Gegenwart, und Gegenwart ist Zeit. Dies ist auch für das kleine Kind so. Es lebt ganz in der Gegenwart. Mit dem Blick auf die Uhr stellen wir uns der Situation gegenüber: Es prallen zwei Formen des Zeiterlebens aufeinander. Die als grenzenlos empfundene Gegenwart des Kindes und die Zeitmessung des Erwachsenen. Erst allmählich findet sich das Kind hinein in das Zeitbewusstsein des Erwachsenen, das für unsere Zivilisation unumgänglich notwendig ist.

Mit der digitalen Uhr hat sich unser Zeiterleben ein weiteres Mal entscheidend verändert, hin zu einer linearen Zeitauffassung. Die Digitaluhr zeigt uns Zahlen, die sich in der Regel jede Sekunde verändern. Wie wirkt das auf unser eigenes Zeitgefühl? Die medizinische Physiologie hat durch Untersuchungen herausgefunden, dass heutige erwachsene Menschen eine *Zeitspanne* von etwa drei Sekunden als *Gegenwart* empfinden, als das Zeitfenster, durch das sich alle Ereignisse hindurchbewegen. Das bedeutet, dass Digitaluhren für das Lebensgefühl des Menschen zu schnell sind. Ein Gegenwartsempfinden kann sich nicht einstellen. Es entsteht Anpassungs- und damit Zeitdruck.

Die Digitaluhr kann als Urphänomen modernster Beschleunigung angesehen werden: Die Zeit wird als knapp erlebt, sie vergeht zu schnell, lässt mich dabei leer, ist nicht menschengemäß. Sie droht, uns zu versklaven, uns zu mechanisieren. Wo bleibt hier die *Zeit*?

An dieser Frage können wir aufwachen und entdecken, dass der Pause m.E. eine Schlüsselrolle in dem Bemühen um eine eigenständige Gestaltung der Zeit zukommt. Daraus kann eine neue Zeitkultur erwachsen, für die gelten kann:

> »Im Ewigen lernt leben, wer sein Verhältnis zur
> Zeit zu lösen versteht.«
> *Rudolf Steiner*[4]

In diesem Ausspruch wird ein ganz neues Verhältnis zum Leben, zur eigenen Existenz eröffnet. Durch die Eingeweihten war früher eine Zeitkultur vorgegeben, die das Leben der Menschen gelenkt und getragen hat. Diese Zeit ist vorüber. Neue Ordnungen werden gesucht, brechen sich Bahn und müssen teilweise unter großen Opfern errungen werden. Es gibt immer weniger kollektiv sakrale Zeiten, geschweige denn, dass die Zeit *selber* sakral, das heißt als göttliche Gabe und Gnade erlebt wird. Auch in seinem Verhältnis zur Zeit ist der moderne Mensch auf sich selbst gestellt. Er kann frei gestalten, ist immer weniger gebunden durch äußere Ordnungen. Im Bezug auf die Zeit bedeutet dies: Jeder Einzelne möchte heute Herr seiner Zeit werden. Der Mensch beginnt zu ahnen, welch kostbares Gut die Zeit ist. Er beginnt, sie als *Wesen* wieder zu schätzen und will Verantwortung für seine Zeit übernehmen. Es gibt keine »Zeitpolizei« oder »Zeitgerichte«, und doch scheinen wir zu spüren, dass wir einmal gefragt werden: Was hast du aus deiner Zeit gemacht? Wie hast du dein Leben verbracht? Hast du die Zeit genutzt für deine Impulse, Aufgaben, Herausforderungen? Welche Früchte hat dein Leben gebracht, was kann die göttlich-geistige Welt daraus ernten?

Religiös gesprochen ist es der Auftrag, in unserem Leben, in der uns zugemessenen Erdenzeit *Geistesfrüchte* zu bringen: »… ich habe euch bestimmt, dass ihr des Erdendaseins Geistesfrüchte bringt, und dass eure Frucht erhalten bleibe.« (Jo 15,16)

Kehren wir noch einmal zurück zu dem Ausspruch Steiners:

> »Im Ewigen lernt leben, wer sein Verhältnis zur
> Zeit zu lösen versteht.«

Lernen! Das heißt doch, dass wir es noch nicht können, es noch nicht beherrschen, aber zugleich auch, dass wir es *lernen können*.

So kommt der Aufgabe einer eigenen, individuellen Zeitgestaltung besonderes Gewicht zu. Es gilt, *Zeitkompetenz* auszubilden, zu entwickeln, den beiden großen Gesichtern der Zeit bewusst ins Auge zu schauen und mit ihnen individuell umzugehen: Einerseits dem *Kronos*, der uns die Sanduhr vorhält: Ewig verrinnt die Zeit, daraus gibt es kein Entrinnen, alles ist vergänglich, wird vergehen … Andererseits aber das Angesicht des jugendlichen *Kairós*, der uns den Sinn wecken will für den rechten Augenblick, die Gunst der Stunde, die gute Gelegenheit. Er ist uns am nächsten, bringt höchste Erfüllung. Er lässt uns *Sternstunden* erleben, Sternstunden in unserem persönlichen

Leben, aber auch »Sternstunden der Menschheit« (so der Titel des bekannten Buches von Stefan Zweig) und Sternstunden der Menschlichkeit.

»Willkommen zu dem Stern der Stunde« kann sprechen, wer sein Verhältnis zur Zeit zu gestalten versteht. Das griechische Wort für Ordnung ist *Kosmos.* Werden uns die kosmischen Bilder zu Gesten und Gebärden der Sternen- und Planetengeister, so beginnen die Sterne wieder zu uns zu sprechen. Einmal werden wir wieder zeitfähig werden und ahnen, wie kostbar Zeit ist.[5]

2 URBILDER DER PAUSE

Tief unten
krümmt sich grün
die Zeit.
Ilse Aichinger

Die Pause als wesentliches Moment eines neuen Zeitbegriffs hat ihre Urbilder im Kosmos. Das *Pralaya* – die große Pause zwischen den Werdestufen der Erde –, das Leben zwischen Tod und neuer Geburt und der Rhythmus von Tag und Nacht, Wachen und Schlafen, konstituieren unser Menschsein, aus dem wir in die irdische Freiheit mehr und mehr entlassen sind. Heute kann es als eine freie Tat des Menschen angesehen werden, wenn er seinem Tag selbstbestimmte und sinnvolle Pausen einfügt.

Die größte Dimension dessen, was sich als Pause verstehen lässt, begegnet uns im *Pralaya*, dem Zeitraum zwischen zwei Verkörperungen der Erde. Die *Zeit zwischen Tod und neuer Geburt* als Pause zwischen zwei Inkarnationen gehört zu der sich entwickelnden Individualität. Die *Nacht* als Unterbrechung und Aufschwung zwischen zwei Tagen ist ein kleineres Abbild der Pause. »Tod ist ein langer Schlaf, Schlaf ist ein kurzer Tod.«

Durch seine geisteswissenschaftlichen Forschungen ergibt sich für Rudolf Steiner im Bezug auf die Entwicklung unserer Erde ein Wechsel zwischen physischer und geistiger Existenz.[6] Letztere nennt er »Pralaya«. Was geschieht in diesen Weltenpausen, Pralaya-Zuständen? Es wird das, was sich an allerersten Anfängen physischer Verdichtung schon gebildet hatte, aufgelöst, zurückgenommen, vergeistigt. Aus diesem Zwischenzustand heraus erscheint der ganze Planet in einer neuen Gestalt. Entscheidend ist nun, dass diese neue Gestalt mehr ist als eine Wiederholung. Aus der Vergeistigung bringt der Planet Erde die Potenz mit, über sich hinauszuwachsen. Erneuerung, Metamorphose, Höherentwicklung werden aus der Weltenpause möglich. Schon dieser erste Blick zeigt uns die Befruchtung echter Entwicklung durch geisterfüllte Pausen. *Keine Entwicklung ohne Pausen.*

Die Griechen hatten den kühnen Gedanken, den *Tod als Pause* anzusehen! Genauer: als den Beginn einer großen kosmischen Pause. Welch weiter umfassender Blick gehört dazu, einen solchen Begriff zu fassen. Es ist der Blick *von Dasein zu Dasein*, von diesem Erdenleben zu neuen weiteren Erdenleben. Dazwischen: Pause, man möchte musikalisch sagen: Generalpause!

Was geschieht im Tod, in solcher Pause? Zuerst ein großes *Ausatmen.* Schon das Alte Testament bringt die Schöpfung des Menschen in innige Verbindung mit dem Atemprozess. Gott der Herr haucht dem Urmenschen den lebendigen Odem ein. So wird er eine lebendige Seele, die den Erdenleib ergreifen kann und auf der Pilgerfahrt durch viele Erdenleben sich und die Welt mehr und mehr verwandeln wird. Denn unser Erdenleib soll einmal werden, was ihm schon als Keim eingeschrieben ist: ein Tempel Gottes! »Wisst ihr nicht, dass ihr ein Tempel Gottes seid?« (Paulus, 1 Ko 3,16) Was wir als lebendige Seele eingeatmet haben, atmen wir im Tode wieder aus. Der letzte Atemzug ist das Spiegelbild des ersten Atemzuges während der Geburt. Die Römer nannten das Sterben auch das »Aushauchen der Seele« (*animam efflare*).

Mit dem Atem des Menschen ist aber noch ein weiteres großes Geheimnis verbunden. Er deutet nicht nur auf seine Erschaffung durch die göttlichen Hierarchien, die etwas von ihrem Wesen schenkend in uns hineingeatmet haben. *Der Mensch ist während seines Erdenlebens immer mit seinem Atem eingegliedert in den Kosmos.*[7] Man kann sagen, dass ein Menschenleben einem Weltentag entspricht. Der Kosmos atmet uns aus in ein Erdenleben von gut 70 Jahren. Dass wir heute durchschnittlich viel länger leben, bedeutet kosmisch gesehen zusätzliche, freie, geschenkte Zeit! Dann atmet der Kosmos uns wieder ein. Und das nennen wir: »Tod«.

Gibt man sich diesem Gedanken eine Weile hin, bekommt man eine andere Empfindung vom Tod. Er gliedert uns in eine kosmische Ordnung und Gesetzmäßigkeit ein. Wir leben nur einen Teil unserer Gesamtexistenz auf der Erde, den größeren Teil aber im Kosmos, im Schoß der Hierarchien. Der Tod markiert kosmisch den Beginn einer großen »Atempause«. Wir dürfen ausatmen und *auf*-atmen. Die geistige Welt, aus deren Schoß wir einst geboren wurden, die uns ihr Leben geschenkt hat, nimmt uns wieder zu sich, birgt uns bei sich, bis sie uns erneut entlässt in ein weiteres Erdenleben.[8]

Die Offenbarung des Johannes beschreibt den Tod und das nachtodliche Leben als *kosmische Pause,* als ein großes Aufatmen.

> »Sie werden nicht mehr hungern und nicht mehr dürsten; sie können nicht mehr von der Hitze der Sonne oder einem anderen Feuerbrande überwältigt werden. Denn das Lamm in des Thrones Mitte wird ihr Hirte sein und ihr Führer zu den Quellen, aus denen das Wasser des Lebens quillt. Und der Vatergott wird alle Tränen aus ihren Augen abwischen.«
> Apk 7, 16 u. 17

Eine Zeit der Regeneration, des wieder *Auf*-Lebens der Seele folgt dem physischen *Ab*-Leben. Es sind wie zwei Seiten der gleichen Medaille: Was hier als Tod sich zeigt und immer unfassbar bleiben wird, zeigt sich von der anderen Seite als *Geburtsvorgang*. Novalis hat dies gewusst:

»Wird ein Mensch geboren, stirbt ein Geist.
Stirbt ein Mensch, wird ein Geist geboren.«

Der Geist des Menschen, seine ewige Seele, wird im Tod geboren. So wie die Seele in der physischen Geburt *in den Leib* hineingeboren wird, so wird die Seele im Tod *in den Kosmos* »hinausgeboren«. Sie kehrt zurück in den Mutterschoß der geistigen Welt, derjenigen Welt, die unsere eigentliche Heimat ist! Wir gehen sterbend »nach Hause«! Das spiegelt sich auch in den alten vorchristlichen Kulturen wieder.

Aus einer alten Geistverbundenheit heraus wird beispielsweise im Hinduismus der Tod als ein freudiges Ereignis begangen. Es ist das Fest der Befreiung aus dem »Gefängnis des Erdenleibes«, eine Heimkehr in die Welt des Geistes. Diese Welt des Geistes ist für den Hindu die eigentliche Wirklichkeit. Demgegenüber ist die irdische Welt nur Maya, Schein, Irrealität, die es zu überwinden gilt. Im Buddhismus ursprünglicher Prägung (Hinayana-Buddhismus) wurde der Tod ähnlich erlebt: Der Einzelne für sich genommen baut sich im Erdenleben sein »kleines Fahrzeug« (hina-yana), um so in die geistige Welt zurückzukehren. Je nach seiner geistigen Reife schickt ihn das Rad der Wiedergeburt so oft zurück in ein Erdenleben, bis er den Durst nach Dasein restlos überwunden und sein Fahrzeug gebaut hat. Dann hat er sich von allem Irdischen freigemacht, kann es zurücklassen. Der Tod befreit ihn von künftigen Erdenleben.

Etwa um die Zeitenwende bildete sich eine neue Form des Buddhismus aus: Der *Mahayana-Buddhismus*. Dieser scheint vom universellen Christus-Impuls inspiriert zu sein. Denn seine Mission sieht er in der Welterlösung durch den Menschen. Es ist unsere Aufgabe als Menschheit ein »großes Fahrzeug« (maha-yana) zu bauen, d.h. alle Menschen, alle Kreatur in ihrer geistigen Substantialität *mitzuerlösen.* Das Ideal des buddhistischen Eingeweihten, das Bodhisattva-Ideal, wird heute zum Welten-Auftrag des Christen.

Dies findet sich im Neuen Testament ausgesprochen im Brief des Paulus an die Gemeinde in Rom. Was Paulus da ausspricht, ist eine Metamorphose, eine Weiterführung des Mahayana-Buddhismus: Der Mensch soll an der »neuen Arche« mitbauen, die alles Geistige der Erde in sich hereinnimmt und der weiteren Weltenevolution, dem Weltenfortgang entgegenführt. So heißt es bei Paulus:

> »Rings um uns her wartet alle Kreatur mit großer Sehnsucht darauf, dass in der Menschheit die Söhne Gottes zu leuchten beginnen.«
> Paulus, Rö 8,19

Paulus spürt die Sehnsucht der Kreatur nach der Erlösung durch den Menschen, die Sehnsucht nach dem »großen Wagen«, der Arche der Zukunft. Wie ein ferner Stern leuchtet das Bild dieser Arche am Ende der Apokalypse auf:

> »Siehe ich schaute einen neuen Himmel
> und eine neue Erde.«
> Apk 21,1

Verwandlung ist der Auftrag des Christentums. Sich aktiv zu verbinden mit dem Werden der Welt, um an der Entwicklung, am Weltenfortgang mitzuwirken, ist Kern des Christseins. Um Kraft für diesen Auftrag zu schöpfen, brauchen wir den Tod und das nachtodliche Leben als große kosmische Pause, als Auf-Leben, als Auf-Atmen, als Gang zu den kosmischen Quellen unseres Menschseins. Einzutauchen in die Ruhe des Seelenseins, sich zu »sonnen« im Licht der Geisteswelt schenkt uns Wandlungskräfte für die nächste Inkarnation. Aus eigener Kraft könnten wir niemals unseren kosmischen Auftrag erfüllen: die Verwandlung der Erde, die Erlösung der Kreatur, ja die Neubefruchtung der geistigen Welt durch das, was nur auf der Erde durch die Menschen erworben und entwickelt werden kann.

Auch die *Nacht* ist ein Urbild der Pause. Wie das makrokosmische Pralaya und das Leben zwischen Tod und neuer Geburt kann uns das Durchleben der Nacht in Verbindung bringen mit den Schöpferkräften der Welt. Ich und Seele gehen im Einschlafen aus dem Leib heraus zu einem kurzen »Heimaturlaub«. Denn – so heißt es im Bestattungsritual der Christengemeinschaft – die geistig-göttliche Welt ist unsere Heimat, aus der wir kommen und in die wir nach dem Tode wieder heimkehren.

Unser gewöhnliches Bewusstsein ist auf die äußere Erdenwelt orientiert, auf die sinnlich wahrnehmbaren Erscheinungen. In der Nacht nehmen wir Anteil an einer über-sinnlichen Welt, an der Welt der Engelhierarchien. Sie schenken uns Erweiterungen unseres Bewusstseins, die wir im Aufwachen zumeist vergessen, aber doch verborgen in uns tragen.

Steiner schildert die Begegnung mit den Hierarchien als Urphänomen des nächtlichen Erlebens: Die *Engel* bringen in uns das Ideal der vollen Menschwerdung zum Aufleuchten. Jedem Menschen hat sich ein Engel zugesellt, um ihn auf diesem Wege durch seine Inkarnationen zu begleiten. In jeder Nacht schauen beide gemeinsam nicht nur auf den zurückliegenden Tag, sondern auch auf den gesamten bisherigen Weg und die daraus sich ergebenden Aufgaben. Die *Erzengel* vermitteln jedem Menschen in der Nacht das Zusammengehörigkeitsgefühl mit der ganzen Menschheit. »Ich bin ein Glied der Menschheit« ist eine Empfindung, die wir den Erzengeln verdanken. In solchem Fühlen weitet sich unser Bewusstsein, schaut auf das, was uns – bei allen Unterschieden – als heutige Menschen verbindet. Das »Bewusstsein unserer Menschheit« ist Frucht der nächtlichen Begegnung mit der Sphäre der Erzengel. Wie wichtig ist es in der Not unserer Zeit, dieses Bewusstsein aus der Nacht ins Tagesbewusstsein herüberzubringen. Ein noch umfassenderes Bewusstsein vermittelt uns in der Nacht der Reigen der *Archai*. Sie überblicken und lenken die *gesamte Erden- und Menschheitsentwicklung* durch alle Zeitenkreise. In Novalis leuchtet ein Nachklang dieser Begegnung mit den Archai auf, wenn er ausruft: »Zur Bildung der Erde sind wir berufen.«

»Der Morgen ist klüger als der Abend.« Dieses bekannte russische Sprichwort drückt unser Wissen um die Nacht als Helfer auch in unserer persönlichen Lebenssituation aus. Es ist ein weiser Rat, vor wichtigen Entscheidungen drei Nächte vergehen zu lassen. Probleme, an denen wir uns tagsüber vergeblich abgemüht haben, können aus der Nacht neue überraschende Lösungen erfahren. Auch unsere Lebenskräfte werden in der Nacht erneuert. Aus dem »Brunnen der Nacht« kommend, fühlen wir uns – wenn es gut geht – wie neu geboren. Die geschilderten Bewusstseinsstärkungen aus den Begegnungen mit den Hierarchien stellen sich nicht automatisch ein. Es liegt in unserer Freiheit, uns auf diese Begegnungen vorzubereiten, um sie fruchtbar zu machen für unser Leben.

3 SABBAT – SONNABEND – SONNTAG

Lobpreise,
meine Seele, den Herrn!
Psalm 104

Die Entstehung unserer Raum-Zeit-Welt wird in der »Genesis«, dem ersten Buch des Alten Testaments, geschildert. Diese Schöpfungs-Geschichte wirft ein eigenes Licht auf das Verständnis von Zeit, insbesondere durch die Darstellung des siebenten Tages, der weniger ein Tag der Ruhe, als vielmehr ein *Feier-Tag* ist. Das sieben Tage umfassende Schöpfungswerk ist das geistige Urbild der Woche. Diese Tage sind Zeiträume, in denen schöpferische Wesen Welten hervorbringen: Große, erhabene Welten-Tage.

Wie beginnt dieses Schöpfungswerk, und wie vollendet es sich? Noch bevor das Alte Testament mit seiner Schilderung einsetzt, hebt der Prolog des Johannesevangeliums an: »Im Urbeginne war das Wort.« Nach Basilides, einem Hauptvertreter der frühen Gnosis, ist das Wort, der Logos, aus dem göttlichen Schweigen hervorgegangen. Seine Anschauung entwirft das Bild des unaussprechlich erhabenen göttlichen Urwesens, das sich in ein Ur-Paar, Abgrund und Schweigen, entfaltet.[9]

Das Wort, das aus dem Schweigen geboren wird, erklingt und spricht aus dem eigenen Inneren die Welt aus, bringt sie hervor.

»Alles ist durch das Wort geworden und außer durch dieses
ist Nichts von dem Geschaffenen geworden.«
Jo 1,2

Hier setzt die Schöpfungsgeschichte des Alten Testamentes, der weisheitsvolle Rückblick der Genesis (1 Mo) ein, indem er uns den *Inhalt* des Wortes schildert, das Gott sprach.

»Im Beginn
schuf die Gottesmacht, zu der die Seele
in scheuer Ehrfurcht aufblickt,
Elohim
Himmel und Erde aus Welt-Erinnerung.
Und die Erde trat ins Dasein
Tohu wa Bohu
– geist-erstrahlend und neue Gestaltung ersehnend –
und Finsternis war
auf dem Antlitz des Weltengrundes
und im Luft-Element der Geist der Elohim
wärmekraftend über dem Antlitz der Wasser.«

In dieser Übersetzung von Eberhard Klemp (1911–2002)[10] wird das Ursein der Welt erahnbar, zu dem der Schreiber der Genesis ehrfürchtig aufblickt.

Nun hebt die Entwicklung der Weltschöpfung an im Rhythmus von Schaffen und Ruhen, Tätigkeit und Pause, im Atem von Schöpfertum und kosmischer Feier.

»Und die erhabene Gottesmacht – Elohim – sprach:
›Licht werde!‹ Und Licht ward.
Und Elohim sah das Licht – es ist gut!

Da schied Elohim Licht und Finsternis.
Da nannte Elohim das Licht *Tag*
und nannte die Finsternis *Nacht*.
Erschaffen wurde der Abend
und erschaffen wurde der Morgen.
Der erste Tag.«

Auf die erste Tätigkeit – die Erschaffung des Lichtes – folgt ein Innehalten, eine Pause: »Und Elohim sah das Licht – es ist gut!« In einem Rückblick wird die Schöpfungstätigkeit angeschaut, Bilanz gezogen, und es wird die Tat beurteilt: Stimmt das Resultat mit den Intentionen, mit den Weltenabsichten überein?

Nach sechs Welten-Tagen rundet sich das Schöpfungswerk. Ohne auf die Inhalte der einzelnen Schöpfungstage hier näher eingehen zu können, lenken wir unseren Blick auf die *Zeitstruktur* der Weltenschöpfung, wie sie in mythischer Form am Anfang des Alten Testaments geschildert wird. Nach sechs Tagen gilt der Rückblick auf das Ganze der Schöpfung. Jetzt geschieht nicht nur der Tagesrückblick, sondern es vollzieht sich erstmals die Zusammenfassung der Tage zu einer Woche. Die erste »Weltenwoche« rundet sich.

Welche Rolle spielt nun im Schöpfungsprozess der siebente Tag? Nach Auffassung des Verfassers der Genesis ist die Schöpfung mit dem sechsten Tag, an dem die äußeren Schöpfungstaten abgeschlossen sind, noch nicht vollendet. Schon dies gilt es zu bemerken! Was geschieht aber am siebenten Tag, der die Welt erst wirklich vollständig macht, ihr erst vollen Sinn und Bedeutung gibt? Im 2. Kapitel der Genesis heißt es (nach Luther):

»So wurden vollendet Himmel und Erde mir ihrem ganzen Heer. Und so vollendete Gott am siebenten Tage seine

Werke, die er machte und ruhte am siebenten Tage von allen seinen Werken, die er gemacht hatte. Und Gott segnete den siebenten Tag und heiligte ihn, weil er an ihm ruhte von allen seinen Werken, die Gott geschaffen und gemacht hatte.«

Gott hat den siebenten Tag *gesegnet*. Unser Wort »segnen« geht auf lat. *signum* = Zeichen zurück. Er hat ein Zeichen gesetzt, ein Zeit-Zeichen. Dieser Tag wurde herausgehoben aus dem Laufe der Zeit. Der Zeitlauf kommt in eine *Verlangsamung*, eine Ruhe. Zu seinen Taten stiftet Gott hinzu die *Gabe der Ruhe*, die später im wöchentlichen Ruhetag (= arbeitsfreier Tag) zum Ausdruck kommt.

Anders klingt es, wenn wir die bewusst archaische Sprache der Übersetzung Martin Bubers (1878–1965) hören: »Gott feierte den siebenten Tag.« In diesem *Feiern* liegt das für unseren Zusammenhang zentrale Motiv. Denn »nicht zu arbeiten« ist noch kein Feiern, so wenig wie das Nicht-Sprechen Schweigen ist!

Im Feiern vollendet sich die Schöpfung.

Der siebte Tag ist das Urbild des *Feiertages*. Nach den *Feierabenden* im Anschluss an die Taten der einzelnen Tage (»… und Gott sah, dass es gut« bzw. »sehr gut war«), folgt jetzt ein ganzer Tag, ein Fest-Tag, den Gott *heiligt* und *segnet*.

Die nach außen gerichtete Tätigkeit ruht, alle Kräfte gehen nach innen. Der tätige Blick, der auf die Erde und den Dienst an ihr gerichtet war, wird nun erhoben. Der siebente Tag schafft Abstand vom Werk und ermöglicht göttliche Bejahung. Er schenkt in der Folge dem Menschen den Ur-Rhythmus von Arbeitstagen und Feiertag, von Tätigkeit und Pause.

Der Ur-Sabbat ist ein einziges Freudenfest! Die Arbeit ruht, aber die göttlichen Wesen sind höchst aktiv und lebendig. *Sie arbeiten nicht zweck- und zielhaft, sondern sie feiern.* Das ist das Ur-Motiv. Der Ur-Sabbat ist Welten-Feier, Rühmen der Schöpfung, Freude an Gottes Werk, an dessen Schönheit, Ordnung und Glanz. So heißt es:

> Am siebenten Tage, da bestieg der Herr mit Freuden seinen Thron, und voller Freude schritten an ihm vorüber die Fürsten der Sonne und des Mondes, des Orion und des Sirius, die Fürsten aller einzelnen Festen, die Fürsten der Engel, der heiligen Tiere, der Gottesräder und der Cherubim, die Fürsten des Wassers und der Abgründe, der Berge und Höhen, der Wüsten und Wälder, des Paradieses und der Hölle …[11]

Nach der Fülle von Geistwesen, die sich um den Thron Gottes versammeln, fasst der Text zusammen:

> »Und alle umstanden sie den Herrn mit großer Freude, und es war ihnen wie ein Freudenquell, und sie frohlockten und tanzten und sangen vor dem Herrn und lobten ihn mit allerlei Spiel und allerlei Lobgesängen und priesen ihn hoch.«

Indem wir uns auf eine solche grandiose Schilderung einlassen und uns ihr öffnen, können wir staunend feststellen, dass wir vermutlich eine ganz andere Vorstellung und Empfindung vom Sabbat haben: ernst, gesetzesstreng, umgeben von lauter Verboten, schwer und düster. Die Ruhe des Sabbats wird gewöhnlich eher lastend wie eine »Friedhofsruhe« verstanden. Es wird deutlich, dass am Sabbat die Arbeit ruhen soll, dass dies aber nicht Selbstzweck ist. Der Sabbat ist seinem Wesen und Ziel nach Freiraum, Feier, der erste große und kosmisch gewaltige Feier-Tag. Die Welt ist in ihrem Sein geschaffen und offenbar geworden. Der Herr besteigt seinen Thron: Aus der Ruhe des Gesamtüberblickes vollendet er sein Schöpfungswerk.

Wir dürfen uns vorstellen, dass Adam, der Mensch, zu dieser Schöpfungsfeier geladen war, um allen Geschöpfen ihren Namen zu geben. Er blickte vom obersten Himmel auf das Ganze und wurde an der Seite Gottes Zeuge der Vollendung der Schöpfung. Wenn einmal »Himmel und Erde vergehen«, diese Schöpfung untergehen wird, soll sie im Menschen weitergehen. In Adam liegt der Keimpunkt einer neuen Welt, welche die Frucht der alten Welt in sich aufgenommen hat und weiterträgt. Das wird in der Sonderstellung des Menschen auf der Erde keimhaft angedeutet.

Der evangelische Theologe Erich Spier hat aus großer Einfühlung und Wertschätzung des jüdischen Glaubens die Geschichte und das Schicksal des Sabbat von den Anfängen bis heute dargestellt und uns damit ein reiches Quellenmaterial neu zugänglich gemacht.[12] Sein Anliegen ist, vom *Schatten* des Sabbat (übergroßer Ernst, Strenge, Furcht vor Strafe bei Übertretung der Sabbatgebote usw.) den Leser wieder zum *Licht* des Sabbat in seinem Ursprung, zu seinem Freudenquell zurückzuführen.

Im Hintergrund steht dabei für ihn die Frage: Ist der Sabbat in seinem ursprünglichen, im siebenten Schöpfungstag verankerten Sinn nur ein jüdisches Fest oder ein *Menschheitsfest*? Ist Lob und Preis, Dank und Wertschätzung der Schöpfung nicht ein menschheitliches Anliegen, eine Aufgabe für *jeden* Menschen? Hätte uns zum Beispiel die Pflege der Sabbat-Feier-Gesinnung vor der ökologischen Katastrophe bewahren können, in der wir uns heute befinden? Denn wer die geschaffene Welt in ihrer Weisheit und Schönheit, in ihrer Fülle und Pracht erkennen und lieben gelernt hat, wird diese, anstatt sie auszubeuten und zu zerstören, schätzen und schützen: »Die Erde gehört dem Herrn.«

Es ist interessant, an dieser Stelle auf einen Essay von Thomas Mann (1875–1955) zu schauen, in dem der Sabbat auch schon über seine Bedeutung für das Judentum hinaus ins Menschheitliche hinauswächst und zu einer Begegnungsstätte wird: Er ist gleichzeitig der Tag Gottes (Jahwes) und der Tag des Menschen. Thomas Mann, in den 20er Jahren noch kritisch eingestellt zum deutschen Judentum, ab 1933 als Emigrant erst in der Schweiz, dann in den USA lebend, wurde einer der großen geistigen Anwälte, Fürsprecher und Nothelfer der Juden in der Zeit ihrer Verfolgung. Sein Essay »Das Gesetz« von 1943 hat eine dramatische Entstehungsgeschichte. Der deutsche Politiker und Schriftsteller Hermann Rauschning (1887–1982), zunächst selber vom Nationalsozialismus verführt, später Emigrant und Gegner, empfand Hitlers Schmähung der Zehn Gebote als unerträglich. Während des Zweiten Weltkrieges forderte er einige Schriftsteller zu einer Ehrenrettung dieses Kernstückes der Bibel auf. Daraufhin schrieb Thomas Mann »Das Gesetz« als ein »Hohelied« auf die Zehn Gebote.[13]

Dieser Essay ist eine Art »Erziehungserzählung« des Volkes Israel. Unter dem »Meißel des Moses – dem Michelangelo nicht unähnlich« (Guy Stern) formt Moses das Volk Israel. Denn er folgt seinem Auftrag »aus der heillosen Masse, die er liebte, eine heilige Gottesgestalt zu metzen.« (367)[14]

Moses schafft dazu einerseits das »Zelt der Begegnung« (373), die Stiftshütte zur Verehrung des Unsichtbaren, andererseits die Zehn Gebote, »Das Ewig-Kurzgefasste, das Bündig-Bindende« (395). Dieser Kern der Thora, des Gesetzes – Martin Buber übersetzt »Die Weisung« – ist volksbindend für Israel, aber zugleich von menschheitlicher Prägekraft. Denn der Dekalog ist »Grundweisung und Fels des Menschenanstandes« (397), »das A und O des Menschenbenehmens« (407).

Innerhalb des Gesetzes spielt nun die *Heilighaltung des Sabbat* eine herausragende Rolle. Thomas Mann hat über das Volk Israel hinaus die menschheitliche Dimension der Sabbatverehrung im Auge. Der Sabbat ist der Tag Gottes, es ist *sein Tag*: »Meines Tages gedenke, dass du ihn heiligst.« (339) Auf der anderen Seite ist dieser Tag aber auch der *Tag des Menschen*, der Tag seiner gottverdankten Freiheit. Da soll er sich reinigen, nichts sein als ein Mensch (die höchste Aufgabe!) und – paradox – seine *Augen* erheben zum *Unsichtbaren*. Der zentrale Absatz lautet:

> »So sollst du meine Feiertage heiligen, den Tag, da ich dich aus Ägypten führte, den Tag der ungesäuerten Brote und immer den Tag, da ich von der Schöpfung ruhte. Meinen Tag, den Sabbat, sollst du nicht mit Arbeitsschweiß verunreinigen, ich verbiete es dir! Denn ich habe dich aus dem ägyptischen Diensthause geführt, mit mächtiger Hand …, wo du ein Knecht warst und ein Arbeitstier, und *mein Tag soll der Tag deiner Freiheit sein, die sollst du feiern*. Sechs Tage lang sollst du ein Ackerer sein oder ein Pflugmacher oder ein Topfdreher oder ein Kupferschmied oder ein Schreiner, aber an meinem Tag sollst du ein rein Gewand anlegen und *gar nichts sein, außer ein Mensch*, und *deine Augen aufschlagen zum Unsichtbaren.*« (385)[15]

Thomas Mann hat herausgearbeitet, dass das Arbeitsverbot am Sabbat nur *Mittel*, kein Selbstzweck ist. Zweck ist vielmehr, dass an diesem Tage *der Mensch nur Mensch* ist, *wirklich* Mensch, d.h. *menschlich* ist. Sabbat als Freiraum und Besinnung auf unser Menschsein zu feiern – das bekräftigt die Gleichheit aller Menschen vor Gott, mündet in das Ziel, sich dem Urbild – der Mensch ist *imago Dei*, Bild Gottes – anzunähern.

Im Gegensatz dazu wurde jedoch nur die Seite der »Gottgefälligkeit« betont und gepflegt: rastlose Berufsarbeit, Erlangung von Reichtum und asketische Sparsamkeit. Max Weber kommentiert die Rückwirkung dieser Einstellung zu einem gottgefälligen Erwerbsstreben auf die Gesellschaft sehr drastisch und prognostiziert in Anspielung auf Nietzsches *Zarathustra*:

> »Dann allerdings könnte für die ›letzten Menschen‹ dieser Kulturentwicklung das Wort zur Wahrheit werden: ›Fachmenschen ohne Geist, Genussmenschen ohne Herz: dies Nichts bildet sich ein, eine nie vorher erreichte Stufe des Menschentums erstiegen zu haben‹.«[16]

Wenn Arbeit und Geld alles werden, ja selbst Zeit als Geld gerechnet wird (*time is money*), droht der Mensch, verloren zu gehen. Wir stellen dieser Perspektive, die heute im Begriff ist, Wirklichkeit zu werden, die Idee eines »getauften Sabbat« entgegen. Der Sabbat wird so zum Sonnabend und führt zum Sonntag, dem Tag des Herrn.[17]

Um die anstehenden Zeitprobleme zu heilen, scheint ein Handeln aus spirituellen Quellen notwendig zu sein, das den einzelnen Menschen, das soziale Leben und die Erde als Organismus umspannen muss.

Unter dem Stern einer solchen Aufgabe scheint das Leben des Kinderarztes und Heilpädagogen Karl König (1902–1966) gestanden zu haben.[18] Am Anfang des 20. Jahrhunderts wurde er in Wien in eine jüdische Familie hinein geboren. Die Eltern nahmen aktiv am dortigen Gemeindeleben teil und erzogen ihren Sohn ganz im Geist des Judentums. Und doch hatte der Jugendliche schon ein Christus-Bild in seinem Schrank. Als er sich mit 27 Jahren – inzwischen praktischer Arzt – zum Christentum bekannte, war seine Beziehung dazu schon über Jahre gewachsen. Am 13.12.1954 schreibt König in sein Tagebuch:

> »Am Morgen weiß ich, mit großer Bestimmtheit, dass es richtig war, dass ich als Jude geboren wurde, nur habe ich bisher vergeblich den Sinn dafür gesucht. Aber jetzt offenbart sich dieser Sinn, dass ich während der Kindheit u. Jugend noch einmal (!) eintauchen durfte in dieses hebräisch-jüdische Element und damit aufnehmen konnte *bis in die Knochen* hinein die *Zeugenschaft für das Mysterium von Golgatha.*«

Was ist aus drei Jahrzehnten gelebten Judentums im Leben Karl Königs geworden? Er hat sie nicht geleugnet, er hat sie metamorphosiert und dem Judentum so in gewisser Weise seine Treue gehalten. Eine tragende Säule in seinem Leben wurde das Christus-Wort:

> »Der Sabbat ist um des Menschen willen da.«

Kurz vor Beginn des Zweiten Weltkrieges floh er vor der Vernichtung des europäischen Judentums nach Schottland. Dort legte er mit seiner Tätigkeit als Arzt Keime eines neuen Zusammenlebens mit behinderten Menschen. Er rief die Camphill-Gemeinschaft ins Leben, aus der später die Camphill-Bewegung hervorging. Dazu gehören heute über siebzig heilpädagogische und sozialtherapeutische Einrichtungen in vielen Ländern. Zu einer Zeit, in der unzählige Menschen getötet wurden, weil man sich anmaßte, ihr Leben als »unwertes Leben« zu verwerfen, schuf die Camphill-Bewegung Schutz- und Entwicklungsraum für die betroffenen Menschen.

Karl König war ein Mensch mit außerordentlichen spirituellen Fähigkeiten. »Vom 29. auf den 30.8.1940 ... war es mir vergönnt, an einem Mahl im Geistbereich teilzunehmen. Ich saß rechts von jener Persönlichkeit, die in einem früheren Erdenleben der Begründer der Herrnhuter Brüdergemeinde war: Graf Zinzendorf. Wir hatten ein Gespräch, in dem er Lehrer war und ich der Schüler. Im Laufe dieses Gespräches schlug er mir vor, dass sich an jedem Samstagabend Menschen zusammenfinden sollten, um gemeinsam ein Mahl miteinander einzunehmen und die Bibel zu lesen: und dass man versuchen solle, den Text mithilfe der von Rudolf Steiner gegebenen Geisteswissenschaft zu verstehen.«[19]

Diesen Auftrag setzte er mit der Schaffung des *Bibelabends* am Samstagabend um, der eine gemeinschaftsbildende Wirkung auf die gesamte Arbeit ausstrahlte. Das Christus-Wort »Der Sabbat ist um des Menschen willen da« (Mt 2,27) ist hier gelebte Wirklichkeit geworden. Man versammelt sich zu einem einfachen Mahl, teilt das Brot und teilt sein inneres Leben. Die Ereignisse der vergangenen Woche werden angeschaut. Jeder berichtet von seinen Erlebnissen, schöner oder schwieriger Natur. Auf diese Weise wird die Woche bewusst beendet und zugleich akzeptiert.

Hier ist die Metamorphose des jüdischen Sabbat mit Händen zu greifen: Aus dem mosaischen »Und Gott sah, dass es gut war« wird das menschlich-gemeinsame: »So war es, und so nehmen wir es an.« Dies geschieht zur Erstarkung des einzelnen Menschen in seinem Schicksal und um der tragenden Gemeinschaft willen.

Der Bibelabend ist die würdige Vorbereitung für den Sonntag. Aus dem jüdischen Sabbat ist der christliche Sonnabend hervorgegangen. Während in Europa der Krieg tobt, ist durch Karl König ein Friedensimpuls in die Welt gekommen. Der festliche Sonnabend mit einfachem Mahl, gemeinschaftlichem Rückblick auf die Woche und freiem Gespräch zum Evangelium ist zum Kulturimpuls, zur Erneuerung des Christentums geworden. Die festliche Bibelstunde am Sonnabend war für König ein entscheidender Beitrag, die Wiederkunft Christi vorzubereiten. Das Ringen um das wahre Bild des Menschen – so Karl König – stand von Anfang an im Mittelpunkt seiner Arbeit. Darin zeigt sich auch deutlich der christliche Charakter der Camphill-Dorfgemeinschaften. Denn in Christus ist der wahre Mensch Wirklichkeit geworden. Dies zu feiern, ist der Sinn des christlichen Sonntags. Der getaufte Sabbat wird zum Sonnabend und öffnet die Tore zu dem ewigen Ostern, das jeden Sonntag aufleuchtet.

4 WIEDERGEWINNUNG DER ZEIT

Time is ~~m~~honey.
Karlheinz A. Geißler

Der Roman *A la recherche du temps perdu* ist das Hauptwerk des französischen Schriftstellers Marcel Proust (1871–1922). Mit 35 Jahren zieht sich Proust in sein verdunkeltes Krankenzimmer zurück und reflektiert minutiös sein bis dahin gelebtes Salon-Leben. Wo ist diese Zeit geblieben? Ist sie nicht nur vergangen, sondern unwiederbringlich *verloren*? Proust sucht Möglichkeiten, die Zeit *wiederzufinden* und dadurch für sich zurückzugewinnen.[20]

Die früheste deutsche Übersetzung trägt den Titel »*Auf den Spuren* der verlorenen Zeit«. Die Spur, die Proust verfolgt, ist die Erinnerung. Er unterscheidet willkürliche und unwillkürliche Erinnerungen. Gewollte und bewusst angestrebte Erinnerungen, z.B. anhand von Fotografien, bleiben für Proust immer hinter dem gelebten Leben zurück. Zufällig auftauchende Reminiszenzen, durch ein beiläufiges Geschehen in der Gegenwart ausgelöst, können hingegen so real und konkret wie das damals gelebte Leben sein. In ihnen findet Proust die Zeit wieder.

So beglückt ihn zutiefst der Geschmack eines in Tee getränkten Madeleine-Törtchens, wie er es als Kind so gern gegessen hatte. Mit einem Mal ist der ganze Zauber der Kindheit wieder da, das Wesen der Zeit wird in diesem Erinnerungserlebnis erneut lebendig. Was verloren schien, ist wieder gegenwärtig, und zwar in der überwältigenden Fülle und Intensität des damaligen Erlebens. Aber – so Prousts Erfahrung – ich kann solche Erfahrungen nicht *willentlich* herbeiführen, erzwingen. Sie stellen sich ein – oder nicht. Sie »tauchen auf« aus einem tief unbewussten Meer von Schätzen gelebten Lebens.

Proust erlebt hier etwas, das nicht in der vergänglichen Zeit aufgeht, sondern der vergehenden Außenwelt wie enthoben ist. Es ist die Erfahrung des Ich-Erzählers, der kontinuierlich bleibt in der vergehenden Zeit, und der in den ekstatischen Augenblicken wiedergefundener Zeit sich selbst erfährt. Proust nennt dieses Ich einmal den »ewigen Menschen« in sich, der in jedem Menschen steckt; den man suchen und entdecken muss, ohne die Begegnung erzwingen zu können.

> »Man hat an alle Pforten geklopft, die nirgendwohin führen, an die einzige aber, durch die man eintreten kann und die man hundert Jahre lang vergeblich gesucht hatte, pocht man, ohne es zu wissen, und da öffnet sie sich.«

Eine neue Zeitperspektive erscheint: der Reigen erfüllter Augenblicke, die als wiedergefundene Zeit im Menschen aufblitzen und ihm die sichere Ahnung seiner eigenen ewigen Persönlichkeit geben. Dies sind die Schlüsselstellen des Werkes *Auf der Suche nach der verlorenen Zeit*. Seine Größe rührt her von diesen Erlebnissen wiedergefundener Zeit. Natürlich gibt es solche unwillkürlich aufsteigenden Erinnerungen nicht nur an glückliche Zeiten. Sinneseindrücke können auch traumatische Ereignisse, Zeiten der Not wieder heraufbeschwören.

Man muss Marcel Prousts Ringen vor dem Hintergrund seiner Epoche sehen. Denn der große Industrialisierungsschub des 19. und beginnenden 20. Jahrhunderts in Amerika und Europa hatte auch vor der Zeit selber nicht Halt gemacht. Die Zeit war »unter die Räder« gekommen, unter die Räder von Rationalisierung und unendlicher Steigerung von Effizienz.

Frederick Taylor (1856–1915) war 25 Jahre älter als Proust. Er war Ingenieur in den USA und entwickelte die Lehre von der wissenschaftlichen Betriebsführung (*Scientific Management*), später »Taylorism« genannt. Dieses System beruht auf genauen Zeit- und Arbeitsstudien, aufgrund derer die allein richtige Bewegungsfolge und das effektivste Zeitmanagement ermittelt werden. Der Mensch hatte sich an die Maschine anzupassen. Das legendäre Bild aus Chaplins Film »Modern times« zeigt den Menschen, der zwischen die Räder der Maschinen geraten ist.

Taylor erbrachte den konkreten Nachweis, dass sich durch rechtzeitige Pausen, also *vor* der Ermüdung des Arbeiters, die Produktion vervierfachen lässt. Der Stahlarbeiter in dem Experiment machte pro Stunde nach ca. 26 Arbeitsminuten ca. 34 Minuten Pause. Er ruhte sich also länger aus, als er arbeitete! Dennoch leistete er fast viermal so viel wie die anderen Arbeiter mit ihrem üblichen Pausenrhythmus. Taylors Werk hat die Rationalisierungsbewegung in der Ökonomie stark impulsiert.[21]

Was geschieht hier mit der Zeit? Die Zeit wird zum Produktionsmittel, der Mensch bekommt so viel Zeit zur Regeneration, dass er als Produktionsmittel seine maximale Leistung bringen kann. Durch solches Funktionieren wird er aber im Prinzip ersetzbar durch Maschinen, die seine Arbeit nachahmen, verbessern und womöglich übertreffen, weil sie keine (oder weniger) Pausen brauchen!

Andererseits sind die Forschungen Taylors ein grandioser Beweis dafür, dass Pausen keine »vertane Zeit« sind, dass es gut ist, Pausen zu machen, *bevor* man ermüdet. Denn dadurch kann man – aufs Ganze gesehen – mehr tun, mehr schaffen und leisten. Auf welchem Felde diese Leistungen dann liegen, ist eine ganz andere, davon unabhängige Frage, da sie von Bewusstsein, Einstellung und Lebenszielen des Betreffenden abhängen. Die »Kunst der rechtzeitigen Pause« kann unser Leben in jedem Falle gesünder und reicher machen.

Taylor fragte danach, wie man die Zeit *einteilen* und dadurch effektiv *nutzen* könne. Proust beschäftigte die Frage, wie man der Zeit, die doch immer weiter läuft und dabei die in ihr geschehenden Erfahrungen mit sich fortreißt, etwas Bleibendes abringen kann. Während Taylors Ansatz ein ökonomischer ist, fragt Proust als Mensch, als Zeitgenosse: Was *ist* Zeit? Können wir der immer verloren gehenden Zeit etwas Bleibendes abringen?

Rudolf Steiner war Zeitgenosse Frederick Taylors und Marcel Prousts. Auch ihn beschäftigte die Frage nach der Zeit tief. Es kann hier nicht auf die umfassende Auseinandersetzung mit dem Thema »Zeit« eingegangen werden.[22] Ich greife eine Darstellung aus Steiners letztem Lebensjahr heraus, die meiner Ansicht nach eine neue, fundamentale Perspektive auf die Frage nach der Zeit eröffnet.

Im Vortrag vom 4. Juni 1924 in Dornach spricht Steiner über Raum und Zeit im Zusammenhang mit Weihnachten, Ostern und Pfingsten.[23] Der Vortrag diente der Einstimmung und Vorbereitung auf das Pfingstfest, das Rudolf Steiner im Rahmen des »Landwirtschaftlichen Kurses« in Koberwitz bei Breslau verbrachte. Dieser Vortrag ist im Bezug auf die Frage nach der Zeit wie ein Vermächtnis.

In großen Linien skizziert Steiner den Weg der Menschheit im Hinblick auf ihr Verhältnis zu Raum und Zeit. Schon vor 2000 Jahren, zur Zeitenwende, war die Menschheit dem Räumlich-Äußeren immer *verwandter*, ähnlicher geworden. Was ist aus Zeit geworden, die ursprünglich Wesen und Eigentum der Zeit-Geister, der Archai war? Zunächst wurde von den Menschen die Zeit als Gottheit, als göttliches Geschenk erlebt. Es war die Epoche *sakraler Zeit*. Mit der Entwicklung der Menschen zur individuellen Freiheit änderte sich auch das Verhältnis zur Zeit. Diese wurde immer mehr als *säkularisierte Zeit* erlebt, als Eigentum der Menschen. Diese Entwicklung wird von Steiner thesenartig komprimiert zu der Formel: Der Mensch »hatte die Zeit völlig verloren. Er war zu einem völligen Raumwesen geworden«. (S. 246)

Auf diesem Hintergrund kann man ahnen, was in den Worten Steiners liegt, wenn er die Tat des Jesus Christus für die weitere Entwicklung der Menschheit in die wenigen Worte zusammenfasst: »Da kam der Christus und brachte den Menschen wiederum das Zeitliche.« (S. 246)

Zu einem Verständnis dieser Aussage kann das 11. Kapitel des Johannesevangeliums beitragen. Im Zusammenhang mit dem Tod ihres Bruders Lazarus hatte Martha von ihrer Hoffnung auf die Auferstehung ihres Bruders *am Ende der Zeiten* gesprochen. Dadurch herausgefordert, offenbart Christus eine Wahrheit, die er sonst möglicherweise noch in sich gehalten hätte: »Ich bin die Auferstehung und das Leben. Wer an mich glaubt, der wird leben, auch wenn er stirbt.« (Jo 11,25)

Das heißt, er wird nicht den Tod des räumlichen Körpers mitsterben, sondern sich aus dem Leibe herauswinden und den Schritt in eine andere, rein zeitliche Existenzform finden.

Ohne Verbindung mit Christus droht dem Menschen, dass er den Tod seines Leibes, den Tod der Materie mitstirbt. Christus ist gekommen, um uns dem Tod der Materie zu entreißen, auf dass wir als Menschen nicht selber unser Ewiges begraben um unserer räumlich-materiellen Existenz willen.

In dem genannten Pfingstvortrag bringt Steiner nun das (räumliche) Bild der Sonne mit der Aussage: »Da kam der Christus und brachte den Menschen wiederum das Zeitliche« auf überraschende Weise zusammen:

> »Und wir blicken jetzt zur Sonne hinauf und sagen uns: Indem wir zur Sonne hinaufblicken, müssen wir an dem Sonnenschein die für das Räumliche verborgene Zeit erblicken. Im Inneren der Sonne ist die Zeit. Und aus dieser im Inneren der Sonne webenden Zeit heraus ist der Christus in den Raum hineingekommen auf die Erde … Aber indem wir von der Erde zur Sonne hinaufschauen, blicken wir zugleich in den Fluss der Zeit hinein.«[24]

Das Rosenkreuzerwort »In Christo morimur« beschreibt keine Naturtatsache, sondern einen Auftrag, eine Aufforderung: Verbindet euch mit Christus, dann wird er im Sterben euer Führer, geht mit euch durch den Tod in das geistige Leben, aus dem Raum in die Zeit der Ewigkeit. Er schenkt der Menschenseele die Pause nachtodlichen Lebens, die Zeit der Rückschau und Verarbeitung bis hin zum Entschluss zu einem neuen Erdenleben, geläutert und gestärkt durch die kosmische Pause zwischen Tod und neuer Geburt in dem sonnenhellen Reich des Christus. Der »ewige Mensch« in uns (Marcel Proust) erhält neues Leben aus der Zeit.

5 SCHÖPFUNG AUS DEM NICHTS

In deinem Nichts hoff' ich das All zu finden.
J. W. v. Goethe, *Faust II*

Creatio ex nihilo – Schöpfung aus dem Nichts – ist die traditionelle Antwort auf die Frage: *Wie* hat Gott die Welt geschaffen? Die Antwort »Aus dem Nichts« hebt seine absolute Souveränität und Unabhängigkeit hervor. Er bedarf keines Materials, das er formt. Was er denkt, wird Realität, äußere Wirklichkeit. Doch die Antwort auf die Frage nach dem Ursprung der Schöpfung könnte auch so lauten: Gott hat die Welt *aus sich selbst* geschaffen. Gott wird dann als allumfassende Potenz gedacht, als der sich schöpferisch Entfaltende.

Der Begriff *creatio continua* hingegen – fortwährende Schöpfung – geht dem Gedanken nach, ob und wie die einmal ins Leben gerufene Schöpfung weitergeht. Rollt sie mechanisch-notwendig ab wie eine einmal aufgezogene Uhr? Oder spielt der Mensch dabei eine aktive, schöpferische Rolle? Nach Hans Kessler ermöglicht Gott im Menschen die weitere Entfaltung der Schöpfung. Darüber hinaus spricht Kessler dem Menschen die »aktive Selbstüberbietung« bis hin zur Schöpfung von etwas wirklich Neuem zu, das nicht schon keimhaft in ihm angelegt ist: »Leben, Bewusstsein, Geistseele«![25]

Creatio nova – neue Schöpfung – nimmt diesen Zukunftsaspekt genauer in den Blick. Schöpfung hat ein Ziel, das über die naturwissenschaftlich beschriebene Evolution prinzipiell hinausgeht: Vollendung und Erlösung der Schöpfung, wobei ausdrücklich »nicht bloß alle Menschen, sondern alle sinnlichen Kreaturen« (Johannes Scotus Eriguena u.a.) einbezogen sind.

Einzelnen Menschen – so die Auffassung moderner Theologie[26] – kann es gelingen, sich durch ihre »prinzipielle Geöffnetheit« für die Liebe und Ziele Gottes zu dessen Werkzeug zu machen. Dadurch werden eine »proleptische (vorwegnehmende) Heilserfahrung« und ein »befreiteres Dasein« schon heute ausnahmsweise möglich. Kessler hat hier vermutlich die Heiligen im Sinne der Kirche im Blick, auch moderne Heilige, wie etwa die Heilige Teresa.

Steiners Begriff einer *creatio nova* spricht dagegen *jedem* Menschen die Möglichkeit zur Neuschöpfung zu. Für ihn ist der Mensch das einzige Wesen, das nicht nur Geschöpf, sondern zugleich in vollem Sinne Schöpfer ist. Denn der Mensch ist nicht nur *Bild* (»Ebenbild Gottes«), sondern er hat Anteil an der *Schöpferkraft* des Logos. Diese Schöpferkraft ist durch die Menschwerdung des Logos jedem Menschen neu zugänglich geworden. Indem ich lerne, ganz aus meinem Innersten, zugleich aber im inneren Dialog mit dem »Christus in mir« zu handeln, wächst die Fähigkeit an der *creatio nova* mitzuwirken, »Mitarbeiter Gottes« (1 Ko 3,9) zu werden. Dieses Fernziel leuchtet in manchen Biografien unserer Zeit schon auf, wie beispielsweise bei Dag Hammarskjöld.

Durch Christus kann der Mensch selber eine *nova creatura* (2 Ko 5,17) werden, die »aus Christus handelnd« die Schöpfung voranbringt. Der ersten Schöpfung, aus dem Vater hervorgegangen, ist der Keim einer Neuschöpfung durch Christus – »Siehe, ich mache alles neu« (Off 21,5) – eingepflanzt. Diese Neuschöpfung kann nur durch den Menschen, aber auch nur »mit Christus« geschehen.

In seinem Vortrag »Evolution, Involution und die Schöpfung aus dem Nichts« führt Steiner diese Schöpfungstheologie und -anthropologie weiter aus.[27] Es wird zunächst die Anthroposophie als ein methodischer Prozess in drei Stufen entwickelt. Ziel dieses Prozesses ist die Verwirklichung eines aktiven *logischen Denkens*, die Ausbildung eines verfeinerten *ästhetischen Wahrnehmens* und die *Entwicklung von Herzensgüte* über den »karmischen Drang« hinaus.

Ausgangspunkt ist das Begriffspaar »Evolution und Involution«. Beide Begriffe gehören zusammen, es geschieht keine Evolution ohne dazugehörige Involution und umgekehrt. Sie beschreiben gegensätzliche, aber zusammengehörige Momente eines Prozesses. Daraus ergibt sich der Gedanke, dass etwa in der Pflanzenwiebel die gesamte Pflanze, wie wir sie kennen, enthalten ist, aber zusammengezogen im Zustand der *Involution.* Ihr gesamtes Erscheinungsbild ist wie zusammengefasst im Punkt, »eingewickelt«, zusammengerollt. Mit dieser Zwiebel vereinigt ist das *Bild* der voll entwickelten Pflanze und die gestaute Kraft, der Impuls, dieses Bild in der Sinneswelt als Wirklichkeit zur Erscheinung zu bringen. Kommen die notwendigen Entwicklungsbedingungen zur Zwiebel hinzu (Ernährung durch Erde, Wasser, Licht usw.), so beginnt der *Prozess der Evolution:* allmählich entfaltet und entwickelt sich die Pflanze. Diese Vorgänge wiederholen sich und bilden einen Kreislauf.

Ähnlich vollzieht sich das Leben der Tiere. Zu dem Prinzip von Evolution und Involution tritt ein Seelenleben hinzu, das sich zwischen Reiz und Reaktion abspielt. In beiden Gattungen treten deutliche Abweichungen nur von außen verursacht auf, zum Beispiel durch Züchtung.

Obwohl der Mensch auch ein Gattungswesen ist und sein Verhalten faktisch noch vorwiegend von außen bestimmt sein lässt, ist er doch das Lebewesen, das mit schöpferischen Kräften begabt ist. Er hat das Potenzial, Neues in die Welt zu bringen. Durch diese Zukunftskraft wächst er über die bisherigen Prinzipien hinaus. Steiner bezeichnet diese Kraft als Fähigkeit der *Schöpfung aus dem Nichts.*

Entscheidend zum Verständnis einer solchen »Schöpfung aus dem Nichts« ist dabei der Zwischenbegriff *des Verhältnisses, der Relation, der Beziehung.* Wir kommen so zu dem Begriff des Sich-frei-verhalten-Könnens als Kern menschlicher Freiheitsfähigkeit. Sie macht es möglich, zwischen Reiz und Reaktion zu treten, innezuhalten und sich zu entscheiden.

Viktor Frankl hat in seinem Buch *Trotzdem Ja zum Leben sagen*[28] von seinen Erfahrungen als Psychologe im Konzentrationslager berichtet. In seiner Darstellung spielt die Fähigkeit des »Sich-Verhalten-Könnens« eine entscheidende Rolle. Im Unterschied zum Verhalten des Tieres ist für den Menschen das Sich-Verhalten-Können in *jeder* Situation – auch im KZ – tiefster Ausdruck seiner Freiheit: Der Mensch kann immer darum ringen, *sich zu verhalten* zu dem, was von außen auf ihn zukommt, er kann Einfluss nehmen darauf, *wie* er reagiert, wie er reagieren *will.* Auch wenn Frankl selbst dies faktisch nicht immer gelungen ist, hält er an dieser im KZ errungenen Erfahrung fest, dass der Mensch im Prinzip zwischen Reiz und Reaktion *dazwischen treten, innehalten und sich entscheiden* kann, wie er sich verhalten will. *Darin liegt seine Freiheit.* Mag es im Einzelnen schier unmöglich sein und tausend Mal nicht gelingen, für Frankl ist das »Sich-Verhalten-Können« Kern und Stern menschlicher Freiheit.

Ein weiteres tief beeindruckendes Beispiel ist die Begegnung, über die der amerikanische Arzt George G. Ritchie berichtet.[29] Er lernte 1945 nach der Befreiung eines deutschen Konzentrationslagers einen polnischen Juden kennen, der ihm durch seine körperliche und geistige Kraft auffiel. Die Vermutung, dieser sei nur kurz im Lager gewesen und deshalb noch so bei Kräften, erwies sich als Irrtum: Er hatte sechs Jahre im Lager verbracht – wie die anderen unter denselben unsäglichen Bedingungen! Eines Tages enthüllte er dem Arzt sein Geheimnis und erzählte, dass sie damals im jüdischen Sektor von Warschau gelebt hätten, er mit seiner Frau und ihren fünf Kindern.

»Als die Deutschen unsere Straße erreichten, stellten sie jeden an die Wand und eröffneten mit Maschinengewehren das Feuer. Ich bettelte, dass sie mir erlauben würden, mit meiner Familie zu sterben, aber da ich deutsch sprach, steckten sie mich in eine Arbeitsgruppe.«

Nach einer Pause fuhr er fort: »Ich musste mich dann entscheiden, ob ich mich dem Hass den Soldaten gegenüber hingeben wollte, die das getan hatten.« Weiter berichtete er, dass es ihm seine Entscheidung erleichtert habe, als Rechtsanwalt erlebt zu haben, wie Hass die Menschen zerstört. »Der Hass hatte gerade sechs Personen getötet, die mir das meiste auf der Welt bedeuteten. *Ich entschied mich* dafür, dass ich den Rest meines Lebens – mögen es nur wenige Tage oder viele Jahre sein – damit zubringen wollte, jede Person, mit der ich zusammenkam, zu lieben.«

Diese unglaubliche, übermenschliche Entscheidung kann mit Steiner eine Schöpfung aus dem Nichts genannt werden. Wie ein Blitz fuhr dieser Entschluss zwischen Reiz (Tötung der Familie) und Reaktion (Hass) und füllte den entstandenen Freiraum aus. Es liegt nahe, an diesem Beispiel einer Tat von Liebe aus Freiheit sich die Worte des Christus vor die Seele zu stellen: »Liebet einander, wie ich mich entschlossen habe, euch ewig zu lieben.« (Jo 15) Man kann auch an die Schilderung Steiners denken, dass die Entwicklung der Liebe die Mission der Erde ist und wir unsere Freiheitsfähigkeit der Menschwerdung Christi und seiner todüberwindenden Tat auf Golgatha verdanken.

Nur langsam leben sich diese Ideale in die Menschheit ein. Es bedarf immer wieder einzelner Vorbilder, um ihre Bedeutung im Bewusstsein der Menschen wachzuhalten. Als schöpferisches Wesen hat der Mensch dieses Potenzial, dessen sich auch Faust bewusst ist, als er Mephisto erklärt: »In deinem Nichts hoff' ich das All zu finden.«

Der Mensch steht geistig zwischen Tier und Engel. Er kann tiefer fallen als das Tier, das seiner instinktiven Natur folgt. Er kann zur Verbrecherbestie werden, zum Werkzeug des Bösen. Er kann sich aber auch aus dem Spalt des Nichts heraus dem Engel der Menschheit zuwenden, dessen Tat bewundernd anerkennen und in dem eigenen Wesen dem Keim des »Christus in uns« folgen. Auf diese Weise betritt der Mensch eine neue evolutive Stufe.

Die Schöpfung aus dem Nichts wird zum Handeln aus »Christus in uns«. Existenzielles Christentum ist der Weg des schöpferischen Handelns aus dem Nichts, dem zukünftigen Geist des Wahren, Schönen und Guten. Sie sind die Zukunftskeime unseres Wirkens auf Erden. Unser höheres Ich, unser Genius mahnt uns in der Nacht:

O Mensch, ergreife und entwickle Dein *Denken*, sodass Dein Denken ein Spiegel der Wahrheit wird, dass aus Deinem Denken die Wahrheit der Welt aufleuchtet, alles das, was die Welt gliedert in Ordnung, Leben und Sinnhaftigkeit. Dann offenbarst Du in Deinem Denken Den, der in seinem eigenen Wesen das Leben der Welt trägt, ordnet und durch den Geist zu heilen vermag.

O Mensch, mache Dein *Fühlen* zu einem Organ für die Schönheit der Welt. Lerne staunen und bewundere die Form einer Blüte, die Fragilität eines Schmetterlingflügels, die Gestalt eines Tieres, die Schönheit der Menschengestalt. Dann wird dein Fühlen ein Organ für die Schönheit der Welt.

O Mensch, mache Dich zu einem *Werkzeug des Guten*. Entwickle in Deinem Herzen Güte über alle Notwendigkeit und Gerechtigkeit hinaus. Versetze Dich in den anderen, das wird die Kräfte von Hass, Neid und Eifersucht in Dir mindern. Lass den anderen in Dir an Deine Stelle treten, das wird Deine Eitelkeit, Deine Selbstüberschätzung mindern. Werde ein »Mitarbeiter Gottes« (Paulus).

Auf diesem Wege erwachsen uns die Fähigkeiten, die uns zu guten Beziehungen mit anderen Menschen führen und wahre Verhältnisse zu den Naturreichen schaffen. Ein schöpferisches Wirken aus dem »Sich verhalten« (Frankl), aus der »Ich-Du-Beziehung« (Buber) und aus dem Gewissen (Ritchie) führen zur Gesundung aller Lebenszusammenhänge.

Dies wirft ein neues Licht auf einen Satz aus dem erneuerten Credo der Christengemeinschaft. Dort heißt es, dass Christus sich einst zum *Weltenfortgang* mit all denen verbinden werde, die er *durch ihr Verhalten* dem Tode der Materie entreißen kann.

6 IM »UND« LEBT EINE WELT

Für ein gutes Gespräch sind die Pausen genauso wichtig wie die Worte.
Heimito von Doderer

»Ich bin der Ich-Bin« – dieses Wort der Gottheit kann mit gleichem Recht auch übersetzt werden: »Ich werde sein, der ich sein werde.« (2 Mo 3,14)[30] Im göttlichen Gegenüber erscheint die Wahrheit des Menschseins, das »Ich Bin«. Gott ist das, was im Menschen zart zu werden beginnt. Die göttliche Gegenwart erscheint an der Grenze zur Zukunft, ihr Sein ist Werden, ihr Werden ist ihr Sein. Im Zwischen kann sich die Gottheit offenbaren. Dafür ist Moses ein gewaltiger Vorläufer, ein zukunftsweisender Prophet. Moses ist Zeuge des Menschen-Ich, welches das göttliche Ich bezeugt. Er erfährt an Gott sein eigenes Ich, wird zum Ich-Zeugen.

Es ist Aufgabe der Menschen, dass das Urwort »Ich-Du«, das zwischen Mensch und Gott geboren wurde, hereinstrahlt in *jede* Begegnung zwischen Mensch und Mensch. Darum findet heute ein stilles Ringen statt. Und gerade in einer Zeit des Terrors, der unsinnigsten Verbrechen, keimt auch das andere, scheinbar aussichtslos Unterlegene: Du bist Mensch, weil auch in dir das göttliche »Ich bin« lebt.

In dieser Tatsache liegt die *Würde des Menschen* begründet. Wenn wir nach dieser Einsicht im Umgang miteinander handeln, erwürdigen wir den Anderen jeweils neu in seinem Menschsein. Wir sind durch und durch Beziehungswesen, leben aus der Kraft von Beziehungen, die weben zwischen uns und Gott oder zwischen mir und dir. Welche große Bedeutung, ja Verantwortung liegt darin, einander Weggefährte zu sein! Ich werde Mensch, wenn der Andere mir mein Menschsein zuspricht.

Rainer Maria Rilke (1875–1926) drückt dies auf poetische Weise aus mit dem Bild der Weite, die den Menschen »… die Möglichkeit gibt, einander immer in ganzer Gestalt und vor einem großen Himmel zu sehen«. Und er fragt weiter: »… ob man an der Einsamkeit eines Menschen Wache halten mag, und ob man geneigt ist, diesen selben Menschen an die Tore der eigenen Tiefe zu stellen, von der er nur erfährt durch das, was ›festlich gekleidet‹ heraustritt aus dem großen Dunkel.«[31]

Der Mensch als Werdender bleibt dem Menschen ein *Geheimnis*, das sich in die Zukunft trägt. Was an Leben und Erfahrung zum heutigen Tag geführt hat, ist geronnene Form, auch wenn es weiterhin wirksam ist. Doch morgen schon kann sich der Mensch ganz neu zeigen; Unbekanntes, Überraschendes löst dann Staunen aus.

Viele Fähigkeiten gilt es zu entwickeln, um einen Begegnungsraum zu schaffen, der die Entfaltung des Mitmenschen befördert: gegenseitige Bejahung, Vertrauen bilden, offen bleiben und den anderen nicht festlegen. In unserer lauten, technisierten Welt kommt dem Hören eine konstitutive Bedeutung für jede Beziehung zu. Hören ist unendlich vertiefbar und ermöglicht dem anderen, sein Tiefstes auszusprechen. Ein »Dazwischen«, welches das Verborgene im anderen Menschen voraussetzt, ahnt und ihm zuspricht, ist Bedingung. Das *Zwischen* ist mehr als nur die Distanz zwischen zwei Polen. Das »gute Zwischen« macht die Differenzen zu einer fruchtbaren, anregenden Potenz. Es ermöglicht, dass sich aus den Polen eine höhere Einheit, eine schöpferische Synthese bilden kann. In der Synthese sind die Gegensätze in einem mehrfachen Sinne aufgehoben: Das schroffe Entweder-Oder, in dem sich nichts mehr bewegt, wo starr auf Standpunkten beharrt wird, *hat ein Ende*. Was die jeweilige Seite im Kern gewollt und zurecht vertreten hat, geht in der Synthese nicht verloren, sondern *bleibt erhalten*. Jedoch muss es auf eine andere Stufe gehoben, muss *erhoben* werden, um sich mit dem anderen Prinzip im Zwischen zu treffen, sich zu ergänzen und zu befruchten. All das kann aber nur geschehen, wenn das Zwischen als »Und«, als lebendige Mitte, die Andersheit als befruchtende Chance und Bereicherung erlebt werden kann. Im Zwischen gelingen dann Paradoxien, die das Leben selber ausmachen: Distanz ermöglicht Nähe, Abstand schafft neue Sicht, löst aus Befangenheit und Verstrickung, kann neue Nähe schaffen.

Es wächst eine Sehnsucht in der Menschheit nach einem Miteinander in Achtung und nach einem achtsamen Umgang mit der Schöpfung. Das Ideal der Völkergemeinschaft unter dem Stern *einer* Menschheit wird sich nur langsam Bahn brechen. Doch zeigt sich, dass dieses Ideal rund um den Globus in vielen Herzen lebt.

Schon zu Anfang des letzten Jahrhunderts regte sich in verschiedenen Menschen – unabhängig voneinander – dieser große Impuls: Den anderen Menschen nicht mehr als gegeben anzuschauen, sondern in ihm ein Wesen zu sehen, das einen unantastbaren Kern hat und sich in Entwicklung befindet.

Nicht nur Rilke hat dem Ausdruck gegeben, sondern zum Beispiel auch Martin Buber (1878–1965). Er wurde im Geiste Israels erzogen, unter der »Lichtwolke« des Moses. Im Gottes-Erlebnis des Moses liegt auch der Keim von Bubers Grunderlebnis, liegt das Urbild des Grundwortes »Ich-Du«. Am göttlichen Du in seinem Ich-Charakter erwacht das menschliche Ich. Es wird zum »Du« der Gottheit.

In seinem frühen Hauptwerk *Ich und Du* (1922) spürt Buber dem Verhältnis zweier Wesen zueinander in aller Tiefe und Deutlichkeit nach. Dieses Buch gehört heute zu den »Kultbüchern« von Unternehmensberatern, weil es die Grundstruktur jeder gelingenden Kommunikation menschlich berührend und zugleich den eigenen Willen motivierend ins Wort bringt. *Ich und Du* ist ein großer Wurf zu einer Philosophie des Zwischen als Raum der Begegnung.

Es mag Buber selbst erschüttert haben, welche Dimension seine zentrale Entdeckung – »Ich und Du als Grundwort« – hat. *Das Erste, Ursprüngliche, ist das Zwischen!* Ohne das Zwischen, die Mitte, gäbe es die Pole, die Gegensätze, das Gegenüber nicht. Im Ich-Du lebt die Einheit als Spannung des Gegenübers. Was sich aus-einander setzt, zieht sich zugleich wieder an, steht in Beziehung! Dass die Begegnung zweier Menschen tatsächlich wesenhaft sei, wir das als unser ureigenstes Anliegen erkennen, dazu will seine Schrift ein Beitrag sein.

Das »Und« im Buch-Titel *Ich und Du* ist von tragender Bedeutung, insofern es einen offenen Raum bezeichnet, der nicht von Vermischung gefüllt ist, sondern in seiner Offenheit Steigerung möglich macht. Im »Und« lebt zwischen Distanz und Nähe ein pulsierender Freiraum.

Am Ende eines Vortrages über das Leben zwischen Tod und neuer Geburt kommt Rudolf Steiner auf die Frage des rechten Verhältnisses von Mensch zu Mensch zu sprechen. In wenigen Sätzen fasst sich das von Rilke und später Buber Intendierte zusammen. Über das Individuelle hinaus betont Steiner die Bedeutung wahrhaftiger und geistgemäßer Begegnung und Beziehung für das gesamte Geistes- und Kulturleben:

> »Am meisten aber wird beitragen zur Entwicklung des geistigen Lebens und der Kultur, wenn der Mensch dem Menschen so gegenübertritt, dass er voraussetzt und ahnt das okkult Verborgene. Dann wird das rechte Verhältnis von Mensch zu Mensch gewonnen werden, und die Liebe wird einziehen in die menschliche Seele in der Gestalt, in der sie wirklich echt menschlich ist, wo der Mensch dem Menschen ein heiliges Rätsel ist. In diesem Verhältnis kultiviert sich erst, was das richtige Verhältnis der Menschliebe ist.«[32]

Diese Ausführungen des Geisteswissenschaftlers mögen uns direkt auf die Worte Christi weisen, die häufig zitiert werden, und die sich manchmal – unverhofft – realisieren:

> »Wo zwei oder drei versammelt sind
> in meinem Namen, da bin ich in ihrer Mitte.«
> Mt 18,20

Wir können sagen: Christus ist in das geheimnisvolle Zwischen eingetreten, aus dem heraus er wieder manifest werden wird. Thomas, der kritische Jünger, durfte staunend erfahren, dass der Auferstandene berührbar ist. *Das Zwischen birgt die Zukunft!* Christus ist der Herr des Zwischenreiches, er ist der »Herr der Himmelskräfte auf Erden«.

7 ZEIT-ZEUGE WERDEN AUS DER KRAFT DES VERWEILENS

... damit der Mensch sich selber nicht versäume!
Friedrich Schiller

Unter dem Titel *Zeitgenosse werden. Ein manichäischer Übungsweg* hat Christine Gruwez 2009 ein – wie mir scheint – außerordentlich wichtiges Buch publiziert. Obwohl so schmal, ist der Inhalt des Buches groß, umfassend und zukunftsweisend. Ausgangspunkt ist die als innerer Auftrag erlebte Entwicklung von *Zeitgenossenschaft* aus dem Geist des Manichäismus heraus. Man könnte einwenden: Wir *sind* doch alle Zeitgenossen, vereint im Strom der Gegenwart. Aber das stimmt nur bedingt, nur äußerlich. Denn Zeitgenossenschaft, wie Gruwez sie als Ideal entwirft, erfordert strengste, mühsame Bewusstseinsarbeit, um immer mehr aufzuwachen für das, worauf es in einer Zeit ankommt. Ich kann nur Zeitgenosse *sein*, wenn ich es immer weiter *werden* will.

Die Größe wahrer Zeitgenossenschaft kommt zum Ausdruck in dem Wort *Zeitzeuge*. Darin liegt Wachheit, Engagement, Aktivität eigener Zeugenschaft. Als Zeuge lege ich Zeugnis ab, kann eintreten für etwas, für jemanden einstehen (z. B. vor Gericht).

Verrückte Frage: Stehen auch einmal die Menschen einer ganzen *Epoche* vor Gericht und müssen sich rechtfertigen: Was haben wir als Menschen dieser Epoche getan, was haben wir unterlassen, versäumt zu tun?

Es wird der menschliche Wille angesprochen. Erfahrungsgemäß zeigt sich aber, wie schwierig es ist, die erkannten Notwendigkeiten zu wollen und im Leben umzusetzen. Über die immer präsenten Medien nehmen wir teil an Katastrophen, Kriegen, Anschlägen, aber nehmen wir auch noch Anteil? Anteilnehmen bedeutet, sich berühren zu lassen von einem Geschehen. Das aber braucht Zeit, geht viel langsamer als die flüchtige Wahrnehmung. Verweilen zu können, ist die hier gefragte Fähigkeit, und zwar nicht nur bei dem Angenehmen und Schönen, sondern bei den realen Auswirkungen des Bösen. Das Verweilen zielt auf die Urgebärden des Manichäismus: Einschließen, Aufnehmen, Integrieren.

Der Manichäismus trägt als seinen Wesenskern in sich den Willen, das Böse als Teil der gegebenen Welt anzunehmen. Er will dem Bösen nicht durch Verurteilung und Absonderung begegnen, sondern es letztlich durch Milde dem lichten Reich des Guten zuführen. »Liebt das Böse gut«, sagt Albert Steffen in einem seiner Gedichte, ein hehres, fernes Menschenziel!

Gruwez' Buch gipfelt in den folgenden drei Aussagen:

- Der Schmerz schärft das Bewusstsein und schafft gesteigerten Realitätssinn.
- Das Unerträgliche wird zur tragenden Kraft.
- Das Unhaltbare hält sich selbst.

Die Autorin kommt zu dem Schluss: Der Mensch beruft sich selbst zum Zeitgenossen.

Welche Stufen führen zu einer derartigen bewussten Zeitgenossenschaft? In Anlehnung und Weiterführung von Christine Gruwez ergeben sich mir folgende drei Stufen:

- unbeirrbares Interesse am Leben unserer Zeit,
- Aushalten von Ohnmacht und
- der Blick auf die Gegenwart aus der Zukunft.

Diese drei Stufen seien im Folgenden näher betrachtet.

»Maßlos informiert«[33] zu sein, ist noch kein wirkliches Interesse am Geschehen in der Welt, sei es nah oder fern. Interesse setzt den Willen voraus, sich mit dem Wahrgenommenen zu verbinden, sich zu ihm bewusst zu verhalten, auf welcher seelischen Ebene auch immer. Will ich nur informiert sein und bleibe innerlich Zuschauer? Oder nutze ich die modernen Medien so, dass ich mich als Mensch in Beziehung setze zu den Ereignissen und Schicksalen in der Welt? Mache ich zu, verschließe ich mich vor den täglichen überwältigenden Tatsachen, die eigentlich nicht auszuhalten sind? Muss ich mich schützen, weil ich mich ohnmächtig fühle gegenüber den Zeitgeschehnissen? Habe ich resigniert? Oder kann und will ich lernen, diese Ohnmacht auszuhalten, in ihr zu verweilen? Will ich miterleben, Anteil nehmen am Schicksal mir fremder Menschen?

Dieser Moment ist ein Schlüsselmoment, der oft zu schnell vorübergeht, gemieden wird. Die Empfindung: »Ich kann das nicht aushalten« hat zweierlei Potenzial in sich: mich zu verweigern – oder mich bewusst zu öffnen. Bin ich Zuschauer oder Zeitzeuge – wie oft fragt uns das der Tag! Ich bleibe wie ich bin, oder ich bewege mich auf etwas Ungewisses zu. Schon dieser erste Schritt ist Tat.

Im Sich-Öffnen stelle ich Raum und Zeit zur Verfügung. Ich mache Platz und verweile bei der Wahrnehmung. Ich halte mein Urteil zurück und lasse mich berühren. Mein echtes Interesse ist geweckt, ich bin nicht mehr Zuschauer, jetzt bin ich beteiligt.

Das Böse tritt in unserer Zeit immer unverhüllter auf, und

die Auseinandersetzung damit ist das dringendste, zentralste Motiv unserer Zeit. Es bedarf geistigen Mutes, angesichts dieser Tatsache Gefühle wie Zerrissenheit, Ohnmacht und Verzweiflung anfänglich auszuhalten. Dies sind erste Schritte auf dem Weg von der Wahrnehmung des Bösen – des Bösen auch in uns –, über seine Integrierung in das eigene Leben, bis hin zur Erlösung des Bösen durch Liebe in einer fernen Zukunft.

Ganz im Sinne des Manichäismus findet sich bei Hegel (1770–1831) in seiner *Phänomenologie des Geistes* folgender Gedankengang: Der menschliche Geist findet den Gipfel seiner Entwicklung in der Absorption des Todes und der Integration des Bösen.

»Aber nicht das Leben, das sich vor dem Tode scheut und von der Verwüstung rein bewahrt, sondern das ihn erträgt und in ihm sich erhält, ist das Leben des Geistes.« Nur in einer solchen »absoluten Zerrissenheit« findet der Geist sich selbst, seine eigene Wahrheit. Das Aushalten der eigenen Zerrissenheit und Ohnmacht gibt ihm erst die Macht, dem Bösen ins Angesicht zu schauen, bei ihm zu verweilen:

> »Diese Macht ist er [der Geist; G.D.] nicht als das Positive, welches von dem Negativen wegsieht, wie wenn wir von etwas sagen, dies ist nichts oder falsch, und nun, damit fertig, davon weg zu irgendetwas anderem übergehen; sondern er ist diese Macht nur, indem er dem Negativen ins Angesicht schaut, bei ihm verweilt.«

Hegel nennt solches Verweilen die »Zauberkraft«, die das Negative in das Sein umkehrt«.[34]

Es gibt Momente, in denen der Impuls zur Aufmerksamkeit im Inneren erwacht, und eine innere Stimme mir sagt: »Moment, halte inne!« Bis ins Körperliche hält der Strom des Geschehens an, in dem ich mich befinde: Mein Sprechen verlangsamt sich, ich breche vielleicht sogar mitten im Satz ab, stocke, halte inne. Das Leben macht einen Moment lang halt: Mir wird plötzlich etwas klar, mir »geht ein Licht auf«. Erkenntnis braucht Pausen, Lichtschneisen … Der Moment wird zum »movimentum«; die äußere Bewegung kommt zur Ruhe, um die innere Erkenntnisbewegung zu ermöglichen. Das kann Lebens- und Erkenntnis-Praxis werden, um uns unserer Gegenwart zu stellen!

Es scheint deutlich, dass die Auseinandersetzung und der Umgang mit dem Bösen für die weitere Entwicklung der Menschheit von größter Wichtigkeit ist. Nicht Bekämpfung, Ausgrenzung oder Leugnung sind letztlich die Lösung, sondern der mühsame Weg des Anerkennens und Einbeziehens des Bösen, die Verwandlung ermöglichen werden. Als ein leuchtendes Beispiel für eine solche manichäische Haltung sei hier der Arzt Dr. Friedrich Haas genannt.

Wie Hegel lebte und wirkte er Anfang des 19. Jahrhunderts. Von 1806 bis zu seinem Tode 1853 wirkte er in Moskau. Neben seiner immensen Arzttätigkeit suchte er regelmäßig die Gefangenentransporte auf, die in Moskau zusammengestellt wurden, um Menschen in die sibirische Verbannung, d. h. für viele: in den Tod zu verschleppen. Dr. Haas ging zu den Gefangenen, deren schwere Fußketten jede Flucht unmöglich machten.[35] Er wusste: Ich kann das Schicksal dieser Menschen äußerlich nicht ändern; insofern bin ich ohnmächtiger Zuschauer. Aber ich bin frei, etwas hinzuzufügen, ihnen etwas mitzugeben, etwas, was sie in ihre *Seele* aufnehmen, mitnehmen können. So ging er mit größter Aufmerksamkeit des Herzens an den Reihen der Gefangenen vorüber, nahm sie wahr, sprach hier und da ein tröstendes Wort. Wie viele der Gefangenen haben es bemerkt? Mancher vielleicht erst viel später! Fjodor Dostojewskij (1821–1881) hat Dr. Haas in seinem Roman *Der Idiot* ein Denkmal gesetzt. Er schildert den beschwerlichen Weg eines Gefangenenzuges, bis er letztlich in Sibirien ankommt. Einer der Verbrecher, ein vielfacher Mörder, erinnert sich plötzlich ohne äußeren Grund an Doktor Haas: »›Wie wird es wohl dem alten General gehen? Ob der noch am Leben ist?‹ Vielleicht lächelte er sogar dabei …«[36]

Dostojewskij fragt im Anschluss daran, ob nicht ein Samenkorn für ewig durch den Arzt in die Seele des Verbrechers gelegt worden sei, an den dieser sich noch 20 Jahre später erinnerte. Denn bei solch tiefer Begegnung gebe man einen Teil der eigenen Persönlichkeit hin und nehme einen Teil des anderen in sich auf, man »kommuniziere« miteinander! Man denkt unwillkürlich an die Emmausjünger: »Brannte nicht unser Herz?« (Lk 24)

Dr. Haas ist ein gutes Beispiel für aktive Zeitgenossenschaft, für Zeitzeugenschaft. Was können wir von ihm lernen? Paradox gesagt: *Er kam innerlich aus der Zukunft zu den Gefangenen!* Er hat nicht darauf geschaut, welche Vergangenheit die Gefangenen hatten, ob sie politisch Verfolgte, unschuldige Juden oder was immer waren. Dr. Haas kam aus ihrem *zukünftigen Schicksal* zu ihnen. Aus seinem Herzen sprach: »Nehmt in eure Seelen auf die bedingungslose Menschenliebe, die ich euch schenke, so gut ich kann. Sie soll euch begleiten auf euren schweren Wegen, sie soll euch vorangehen und euch immer da empfangen, wo ihr hinkommt.« Engel wirkten durch Friedrich Haas!

Friedrich Haas hätte wie die meisten seiner »Zeitgenossen« die Augen vor dem Schicksal der Gefangenen verschließen können. Er hat es nicht. Als er 1853 verarmt starb, versammelten sich etwa 20.000 Menschen zu seiner Beerdigung! Die Zahl der Gefangenen, zu denen er Kontakt aufnahm, wird auf 200.000 geschätzt. Er hat unzählige Kranke betreut, dabei alle Armen umsonst behandelt. Bis heute schmücken frische Blumen sein Grab in Moskau …

Und wir? Sind wir nicht aufgefordert, die »Gefangenen« unserer Zeit – nicht nur die äußerlich Gefangenen! – aufzusuchen, uns ihnen zuzuwenden, sie in unsere Seele aufzunehmen? Was dabei bis in die äußere Tat gehen kann, muss sich jedes Mal aufs Neue zeigen. Jedes große Herz trägt bei zur Zeitzeugenschaft. Jedes Zeitgewissen stützt das verborgene Gute, macht die Welt heller. Ohnmacht kann der hoffnungsvollen Zuversicht weichen: Es ist nicht umsonst, warmes Interesse zu entwickeln, wo immer uns das Leben hingestellt hat, die Ohnmacht auszuhalten, sich ihr zu stellen und den Blick aus der Zukunft zu üben.

8 PAUSENLOSE GESELLSCHAFT[37]

Die Zeit ist aus den Fugen.
W. Shakespeare, *Hamlet*

Das Gefühl, in einer Gesellschaft zu leben, in welcher unser Umgang mit der Zeit aus den Fugen geraten ist, ist gesund. Denn dieses Gefühl signalisiert einen tiefgreifenden Wandel. Es kann bewusst machen, dass wir uns in einer Spirale der Beschleunigung befinden, die uns als Menschen abhängt. Unsere pausenlose Gesellschaft ist das Ergebnis einer langen Entwicklung, zu deren Brisanz wir erst heute zu erwachen scheinen.

Die Industrialisierung ergriff im 19. Jahrhundert das Handeln des Menschen, seine Arbeitsabläufe. Im 20. Jahrhundert bemächtigte sich die Industrialisierung der menschlichen Fortbewegung. Mit dem Anbruch des jetzigen Jahrhunderts wird deutlich, dass die Industrialisierung in Form der digitalen Technik nach dem menschlichen Gehirn greift, das Grundlage unseres Alltagsbewusstseins ist.[38]

Wir können heute distanziert reflektieren, welche gravierenden Auswirkungen der technische Fortschritt auf unser Handeln und auf unsere Mobilität hat. Viel weniger sind wir in der Lage, die Folgen der Elektronik und Nanotechnik für unser Geistesleben in den Blick zu bekommen, weil sich dieser Prozess erst gegenwärtig abspielt und wir mitten darin stehen. Es fehlen der nötige Abstand, Zeit und Ruhe, diese rasante Entwicklung zu analysieren.

Die in allen Lebensbereichen immer weiter um sich greifenden Beschleunigungsvorgänge sind nicht aufzuhalten. Doch wird es höchste Zeit zu erkennen, was hier – neben den durchaus interessanten neuen Möglichkeiten, die sich in großer Geschwindigkeit weiterentwickeln – auf dem Spiel steht. Das *menschliche* Maß ist längst überschritten, es hat als genereller Maßstab seine Gültigkeit verloren. Wir haben gelernt und es – eher passiv und unreflektiert als tatsächlich bewusst – hingenommen, unser Verhalten den technischen Anforderungen anzupassen. Längst haben das Schaffen mit den Händen oder die körperliche Bewegung ausgleichende, therapeutische Bedeutung bekommen!

Die Leere, die viele Menschen in ihrer Seele erleben, ist real. Das menschliche Fühlen, die Fähigkeit, sich berühren zu lassen von den Vorgängen und Ereignissen des Alltags, braucht mehr Zeit als der Zugriff zu immer mehr Informationen. Das Erfassen der schnell sich abwechselnden Texte und Bilder in Fernsehen und Internet, noch dazu in Form immer neuer und ständig verfügbarer Verbreitungswege der »sozialen Netzwerke« schwächt die Fähigkeit zu wahrer Empfindung, lässt die Intelligenz des Gefühls verkümmern.

Es hat nichts mit nostalgisch motivierter Technikfeindlichkeit zu tun, die Phänomene sich steigernder Beschleunigung als Angriff auf die menschliche Seele zu begreifen. Seelische Verarmung droht als das Ergebnis der Vertreibung der Zeit aus unserem Leben. Je mehr Zeit »gespart« und »gewonnen« wird, desto weniger Zeit gibt es. Ausdrücke wie »sich die Zeit vertreiben«, »die Zeit totschlagen« enthalten tiefe Wahrheiten: Die Zeit ist auf der Flucht.[39] Ohne Muße, Besinnung und Ruhe im Leben verliert der Mensch seine schöpferische Kraft. Wenn wir nicht aufpassen, werden wir die Rolle des nur funktionierenden

Menschen bald zu 100% verinnerlicht haben. Der Mensch als selbstbestimmtes Wesen, mit Würde und der Möglichkeit zur wahren Freiheit begabt, ist bedroht. Denn unser Verhältnis zur Zeit betrifft unser gesamtes Seelenleben:

> »Die Zeit erleben Sie erst im seelischen Erleben. Da aber erleben Sie die Zeit wirklich – und da kommen Sie auch aus dem Raum heraus. Da ist die Zeit eine Realität ...«
> *R. Steiner*[40]

In der Seele offenbart sich die Zeit. Ihren wesenhaften Charakter erleben wir mit unserer Seele. Sie ist das »Sinnesorgan« für die Zeit. Von dem reichen Zeiterleben der Griechen – Aion, Kairos, Chronos – scheint uns nur noch Chronos, die messbare Zeit, geblieben zu sein.

*

Gegen das Verschwinden der Zeit in immer kleinere Einheiten, die für unser Erleben abstrakt bleiben, erhebt sich Peter Handkes *Gedicht an die Dauer*[41] wie ein Hymnus. Dieses schmale Bändchen, das 1986 erschien, ist wie ein »Gegengift« wider die Flüchtigkeit unserer Zeit.

> »Wer nie die Dauer erfuhr,
> hat nicht gelebt.«

Wer so formuliert, hat an der Dauer etwas Seltenes, Kostbares erfahren. Etwas, das nicht leicht zu haben ist, vielleicht *gar nicht* zu haben ist. Sondern etwas, was das Leben selber ausmacht, was das Leben uns *schenkt* in besonderen Augenblicken.

Was sich günstig fügt, uns überrascht und erfüllt, ist nicht verfügbar, untersteht nicht unserer Macht. Die Erfahrung von Dauer setzt Einsicht, ja Einwilligung in unsere Ohnmacht voraus. Doch zugleich bedarf es Goethescher Hingabe, Offenheit und Empfänglichkeit für Momente, in denen Ewiges aufleuchtet und im Irdischen als Dauer zur Erscheinung kommt für Augen-Blicke der Seele. Darum ringt Handkes *Gedicht an die Dauer* – eine Erfahrung, die nicht per Maus-Klick zu haben ist …

Als Handke sein *Gedicht an die Dauer* publizierte, ahnte er vermutlich nicht, dass er nur wenige Jahrzehnte später unerwartete Konkurrenz haben würde. Bazon Brock[42] und andere sehen in der »Digitalen Revolution« die Erfüllung uralter menschlicher Sehnsüchte. Bazon Brock, geb. 1936, ist ein kritischer, unkonventioneller Kulturphilosoph und gründete 2011 in Berlin die »DENKEREI, Amt für Arbeit an unlösbaren Problemen«. Er vertritt die Auffassung, dass die Entwicklung der digitalen Technik die kühnsten Träume der Theologen erfüllen werde. Denn die digitale Permanenz der Nutzer schaffe endlich die immer ersehnte Dauer. Die Abrufbarkeit von Informationen und Dokumenten aus verschiedensten Zeiten, ihre gleichzeitige omnipräsente Zugänglichkeit, sieht er als die moderne, technische Realisation der *Dauer*, ja der Ewigkeit: Alles ist – im Prinzip – immer zugänglich, verfügbar, präsent. Die Vergänglichkeit der linearen Zeit scheint überwunden!

Ist das die gleiche Dauer, um die Handke ringt, der er einen großartigen Hymnus widmet? Hinter den gleichen Worten verbergen sich offenbar verschiedene Welten. Für Handke geht es um die Lebenswelt des Menschen: seines Wohnortes bei und in

Paris, auch um die Eindrücke auf seinen Reisen. Für Brock und andere steht die digitale Welt, das Netz im Fokus. Hier Dauer als Gipfel menschlichen Erlebens, dort Dauer als Gipfel menschlicher Technik, als Zeitform des digital Gespeicherten.

Der »Vordenker der digitalen Zukunft« Rafael Ball skizziert in seinem 2014 erschienenen Buch *Die pausenlose Gesellschaft*[43] unsere digital gewordene Welt und verteidigt diese Entwicklung. Er kommt zu der Ansicht, dass die digitale Permanenz einen Ausweg eröffne aus der »Zeitverknappung«. Allerdings bedürfe es des aufgeklärten Nutzers, der über Selbstkontrolle und Urteilskraft verfüge, um Computer, Tablets und Smartphones vernünftig zu nutzen. Offen bleibt, wie sich die Nutzer die Zusatzqualifikationen wie Selbstkontrolle und Urteilskraft erwerben – durch das Netz? Immerhin konstatiert Ball, dass viele junge Leute sich auf der ewigen Suche nach der besseren Party wie auf einer Flucht, sich nie ganz im Jetzt befinden. Solche »Fluchtmenschen« können der »Verlockung durch die digitale Permanenz« offenbar nicht widerstehen. Man kann sich fragen, ob die Generation Y noch Sinn für das haben wird, was *Handke* mit »Dauer« meint, wenn er sagt:

»Wer nie die Dauer erfuhr,
hat nicht gelebt.«

Die Dauer selber – so Handke – habe nach diesem Gedicht verlangt, es ihm schon seit langem abverlangt. Zu Beginn sortiert Handke aus, was *nicht* Dauer ist: Sie ist kein Zeitraum, nichts Messbares, keine Gewissheit. Was dann? Was Steiner »seelisches Erleben« nannte, nennt Handke »Gefühl«:

»... die Dauer war ein Gefühl,
das flüchtigste aller Gefühle,
oft rascher vorbei als ein Augenblick,
unvorhersehbar, unlenkbar,
ungreifbar, unmessbar.« (10)

Und dann eine starke Wendung:

»Und doch hätte ich, mit ihrer Hilfe,
welchen Widersacher auch immer
anlachen und ihn entwaffnen können ...« (10)

Handke hat Großes im Blick, wenn er die Dauer stärker als alle Widersacher erlebt! So Großes, dass er selbst das Wort »Gott« nicht scheut, wenn es darum geht, dem Geheimnis der Dauer auf die Spur zu kommen. Er wäre, so fährt er fort,

»... gäbe es einen Gott,
das Gefühl der Dauer lang dessen Kind gewesen.« (10)

Mit dieser Eröffnung des Gedichtes ist das Proszenium abgesteckt. Aus den folgenden Beschreibungen und Abgrenzungen Handkes wähle ich einiges aus. Es kann dienen, das Gefühl der Dauer, »das flüchtigste aller Gefühle«, im eigenen Leben zu bemerken und zu identifizieren, ein Gefühl, das eine eigentümliche Souveränität verleiht, Zuversicht und Geborgenheit schenkt – wenigstens für Augenblicke!

Viele Motive, die in früheren Kapiteln dieses Buches schon angeklungen sind, finden wir wieder, wenn Handke schreibt, ich

»… konnte da das Gefühl der Dauer umschreiben
als ein Ereignis des Aufhorchens,
ein Ereignis des Innewerdens,
ein Ereignis des Umfangen werdens,
ein Ereignis des Eingeholt werdens,
wovon?, von einer zusätzlichen Sonne,
von einem erfrischenden Wind,
von einem lautlosen, all die Misstöne zurechtstimmenden
und einigenden zarten Akkord.« (11f.)

Aber wo ist die Dauer zu finden? Handke antwortet: Nur da, wo jeder »seine Sache« findet – für Handke das Schreiben –, nur in dieser Liebe zur Sache kann sich Dauer einfinden, mit mir vereinen.

»Das Gedicht von der Dauer ist ein Liebesgedicht.« (27)

Sie ist überall – und nirgends, nicht fassbar, aber unfassbar wichtig, vielleicht das Erhebendste unseres Lebens. Handke durchstreift »Orte der Dauer« in seinem Leben:

»… und ich feiere in der Lichtung
das Dankfest der Hiesigkeit.«

Das Gefühl der Dauer – das »flüchtigste aller Gefühle« – ist und bleibt ein Ereignis, ein Geschenk:

»Für solche Momente der Dauer
erlaubt sich das Gedicht ein besonderes Zeitwort:
Sie bestirnen dich.« (31)

9 RICHTUNGSPAUSE – WANDLUNGSPAUSE – BEREITSCHAFTSPAUSE

Gott hält sich in den Intervallen verborgen.
Jorge Luis Borges

Den Musiker und Musikpädagogen Christoph Peter (1927–1982) habe ich als »Genie der Pause« erleben dürfen in den Anfangsjahren meiner Begegnung mit der Anthroposophie. Erst kürzlich entdeckte ich sein frühes Werk: *Zum Phänomen der Pause und der Wiederholung in der Musik.*[44] Dort fand ich anregende Begriffe für das Geheimnis der Pause in der Musik.

Christoph Peter unterscheidet und belegt mit vielen Beispielen *drei Grundtypen der Pause*: die Richtungs-, die Wandlungs- und die Bereitschaftspause. Solche Pausen kennen wir nicht nur in der Musik, sondern können sie auch sonst im Leben finden. Es lohnt auch für Nicht-Musiker, sich mit diesen verschiedenen Qualitäten zu befassen: Richtung, Wandlung, Bereitschaft. Es sind Grundgesten unseres Lebens.

Am geläufigsten ist uns die *Richtungspause.* Wir sind auf ein Ziel ausgerichtet. Dieses Ziel steht für uns fest und soll erreicht werden. Der Weg dahin ist unter Umstände weit, deshalb brauchen wir zwischendurch Pausen, in denen wir uns ausruhen und neue Kräfte schöpfen. Dann setzen wir den eingeschlagenen Weg fort und gelangen – hoffentlich – ans Ziel. Diese Form der Pause ist eine *Unterbrechung.* Sie wirkt als Energiespender.

Etwas ganz anderes ist es, wenn wir auf unserem Weg innehalten, weil wir nicht sicher sind, ob die Richtung noch stimmt.

Kann ich meine ursprüngliche Ausrichtung noch bejahen? So eine *Besinnungspause* ist ein Innehalten mit offenen Fragen.

»Du musst dein Leben ändern!« (R. M. Rilke) mag dabei das Ergebnis sein. Die Phase der Besinnung führt dann zu einer Wandlung. *Wandlungspause.* Wandlung braucht Pausen. Manchmal inszeniert das Leben Zwangspausen, zum Beispiel durch Krankheit, manchmal entschließen wir uns selber zu dem entscheidenden Schritt.

Wir sprechen von »Lebens-Führung«. *Treue zu mir selbst* verlangt unter Umständen einen radikalen neuen Schritt. Nur wer sich wandelt, bleibt sich treu: Leben ist Wandel, ist Wandlung, Leben ist Verwandlung meiner Selbst. Die Wandlungspause verschafft mir den inneren Raum für die Ruhe, die ich für eine echte Verwandlung brauche. Eine Meditation Rudolf Steiners mag Begleiter großer Lebensumbrüche sein:

Ich trage Ruhe in mir,
Ich trage in mir selbst
Die Kräfte, die mich stärken.
Ich will mich erfüllen
Mit dieser Kräfte Wärme,
Ich will mich durchdringen
Mit meines Willens Macht.
Und fühlen will ich
Wie Ruhe sich ergießt
Durch all mein Sein,
Wenn ich mich stärke,
Die Ruhe als Kraft
In mir zu finden
Durch meines Strebens Macht.[45]

Unsere heutige Zivilisation ist tendenziell durch pausenlose Kommunikation, pausenlosen Verkehr, pausenlose Werbung bestimmt. Geschieht dies alles, um ein Innehalten, um Besinnung, Reflexion, innere Ruhe, kurz: um Wandlung zu verhindern? Garantiert Pausenlosigkeit die maximale Anpassung und Verfügbarkeit? Haben viele Menschen das schon so verinnerlicht, dass sie Angst vor Pausen und Stille haben?

Zur *Wandlungspause* gehören Mut, auch die Bereitschaft loszulassen, sowie Vertrauen in die eigenen Kräfte und in die eigene Zukunft. Es ist nicht leicht, die Angst vor dem Ungewissen zu überwinden: Was bleibt von mir ohne die Herausforderung und Erfüllung des Berufes? Was bleibt, wenn Anerkennung und Sympathie von Kollegen, Freunden usw. wegfallen? Wer bin ich, wenn ein bestimmtes Selbstbild nicht mehr von anderen genährt und bestätigt wird?

Erhart Kästner berichtet in seinem Buch *Die Stundentrommel vom heiligen Berg Athos* von einem Mönch:

> »Pater Nikon hatte siebenundzwanzig Jahre in der Wüste gelebt: aber was hieß das? Es hieß offenbar, dem Leeren sich stellen. Siebenundzwanzig Jahre ohne Zerstreuung, ohne das Alibi, das Arbeit gewährt, ohne das Pathos eines Berufs, ohne den Rauschtrunk der Leistung, ohne die Sättigung, die man ›ein Werk‹ nennt, ohne Erfolg, der ja immer Rechtfertigung aus Eigenem ist. Ohne das Untertauchen im Weiher kreatürlicher Zeugung, ohne die Mutterwärme der Aufzucht im Froschteich des Allebeisammen …«[46]

Der Berg als Pause. Einsiedelei als Wandlung. Man kann ahnen, welche Kraft dazu gehört, solchen Entschluss zu fassen und auszuführen, und welche Kraft daraus gewonnen werden kann!

Das führt unmittelbar in die Sphäre der *Bereitschaftspause*, wie sie in der Musik auftritt und wie wir sie auch im menschlichen Leben finden. Der Mönch auf dem Berg Athos hat sich aller Ich-Sucht entledigt, er hat sich entleert, gereinigt, um ganz Gefäß zu sein für etwas Höheres als »ich«. Bereit, Werkzeug zu sein für den Willen Gottes. Bereit für eine Zukunft aus dem göttlichen Willen, wie wir es zum Beispiel auch bei Hiob finden und wie wir es täglich beten. Paulus spricht es aus: »Nicht ich, sondern Christus in mir!«

10 SLOW!

Jeder Tag ist 24 Stunden lang,
aber unterschiedlich breit.
Wolfgang Neuss

Das Credo der Moderne »Mehr, größer, schneller!« bröckelt. Diese Maxime des Handelns hat das Wesentliche, hat Mensch und Natur aus dem Auge verloren. Überall regt sich dagegen ein Gestus der Verweigerung, sei es als bewusster Protest oder in der unbewussten Form vielfältiger Krankheitssymptome! »Small is beautiful«[47] oder »Weniger ist mehr« sind schon lange Ausdrücke dieser Gegenbewegung. Heute steht das englische »slow« als Chiffre für eine weltweite Bewegung, die alle Bereiche des Lebens ergreift.

Geschwindigkeit als Selbstzweck wird nicht länger hingenommen. Die Kritik an der Eindimensionalität unseres modernen Lebens wächst – zum Beispiel in einem Ausspruch wie: »Wir werden immer schneller, wissen aber nicht mehr, wohin wir wollen.«

Die Geburtsstunde der »Slow-Bewegungen« war eine Stunde des Widerstandes, eine von Carlo Petrini initiierte Demonstration gegen die Eröffnung eines Fast-Food-Restaurants in der Nähe der Spanischen Treppe in Rom im Jahre 1986. Die »Slow-Food-Bewegung« lag offensichtlich in der Luft.[48] Sie inspirierte viele »Slow-Bewegungen« auf anderen Gebieten, wie etwa »Slow money«, »Slow gardening«, »Slow parenting« etc. Unter »Slow« formiert sich eine Lebensform, die Qualität in den Mittelpunkt rückt. Es stellt sich die Frage, ob wir auch »weniger, kleiner und langsamer« als Qualitäten erkennen und schätzen können. Der Journalist und Pulitzer-Preisträger Paul Salopek hat sich vorgenommen, die Welt zu Fuß zu begehen. Das Projekt »To walk the World« begann er 2013 in Äthiopien im Herzen Afrikas, bei den Fundstellen ältester Menschenskelette. Es führt ihn durch vier Kontinente und soll nach ca. 34.000 Kilometern 2020 an der Südspitze Südamerikas enden! Salopek über sein Projekt: »Indem ich zu Fuß gehe, bin ich gezwungen, zu verlangsamen (to slow down). Die Welt wird trübe und flach mit dem Tempo. Zu Fuß – da ist Klarheit (›on foot there is clarity‹).[49]

In den USA erschien 2014 ein umfangreiches Buch, das die Geschichte und Intentionen der »Slow church«-Bewegung darstellt.[50] Das Prinzip der Besinnung durch Pause und der Wille zur Umsetzung menschlicher Werte auf allen Gebieten des Lebens werden hier auf die christliche Religion und das Leben der Gläubigen angewandt. Der Leidensdruck durch Stress, Burnout und Konsumzwang lässt die Gründer dieser Bewegung und ihre Anhänger nach besseren Lebensformen suchen. Das menschliche Leben des Einzelnen soll lebenswerter werden, und dadurch auch das Gemeindeleben – um schließlich das gesamte gesellschaftliche Leben in eine sinnerfüllte Richtung zu führen.

Ausgehend vom Prinzip der »aktiven Pause« am Beispiel des jüdischen Sabbatfestes entwerfen Smith und Patterson in *Slow church* die Grundzüge einer neuen *Ethik*, in der Qualität Vorrang vor Quantität hat. Es ist ihre Hoffnung, dass sich aus einer solchen Verhaltensänderung soziale Organismen bilden, in die Christus sich heute langsam hineinleben kann wie in einen Leib. Gemeinschaften werden so zur »Verleiblichung Christi« (*embo-*

diment of Christ). Dazu gehört auf dem Gebiet der Ökologie die Achtung vor der Schöpfung, ja letztlich die »Wiederherstellung von allem«[51] anstelle von Ausbeutung und Vernichtung der Welt. Aus dem gleichen Ansatz entsteht eine faire Ökonomie, welche die vorhandene Fülle der Güter unserer Erde nicht als persönlichen Besitz, sondern als göttliche Gaben ansieht, die menschlich zu teilen sind.

Die vielen Bewegungen unter dem Banner »Slow« sind Teil der weltweiten Zivilgesellschaft, die ein großes Stoppschild hochhält: eine Absage an die als alternativlos proklamierte Marktwirtschaft und deren verheerende Folgen für Mensch und Welt. Das Neue zeigt sich in einer Sehnsucht nach erneuerter Sinnhaftigkeit und den Idealen von Freiheit, Gleichheit und Brüderlichkeit, nicht nur mit allen Menschen, sondern mit der gesamten Schöpfung.

Natürlich kann es bei der Verwirklichung nicht um ein »Entweder-oder« gehen, um ein Ausspielen von Gegensätzen, wie schnell – langsam, still – laut, aktiv – passiv usw. Ein »Sowohl-als-auch« erweitert unsere Fähigkeiten, zu beurteilen, in welcher Situation welche Qualitäten unseres Handelns dem Ganzen am meisten förderlich sind. Dadurch werden auch die Eigenschaften unseres Handelns ihrer einseitigen Bewertungen enthoben. Unsere Urteilsfähigkeit erwächst aus wahrer Verbundenheit mit und Achtsamkeit für den Menschen, für seine Arbeit, für Kultur und Natur. Vielleicht zeichnet sich für ein wünschenswertes Lebensgefühl eine neue Chiffre ab, die sich als »momentane Identität« bezeichnen ließe.

Uns Menschen sind viele Möglichkeiten in die Wiege gelegt; dass sie jedoch zu Fähigkeiten werden, bedarf der Pflege. Halte ich mein Interesse an der Welt wach? Was befähigt mich zur

Aufmerksamkeit und Achtsamkeit für meine Umwelt? Die Analphabeten der Zukunft werden nicht die sein, die keine Buchstaben beherrschen, sondern die Menschen, die keine lebendige Verbindung zwischen sich und der Welt herstellen und pflegen können. Hier liegen die Schlüsselfähigkeiten, die uns die Tore zum Leben aufschließen. Eine wesentliche Kraftquelle dafür erscheint mir die aktive Pause zu sein:

- Im *Wahrnehmen* innezuhalten, den bisherigen Prozess des Anschauens noch einmal zu überblicken und dann eventuell zu vervollständigen, abzurunden, bis ich zu dem Gefühl einer guten Verbindung mit dem Wahrgenommenen komme, bis das Wahrgenommene zu mir spricht.
- Im *Urteilen* innezuhalten und nach weiteren, neuen Aspekten zu suchen, provisorisch im »Rollentausch« die Position des anderen einzunehmen, aus seinem Blickwinkel betrachten, bis ich zu einem bedachteren Urteil komme.
- Im *Selbstbesinnen* die Verbindung zu mir selbst zu erneuern, den »seidenen Faden« zu meinem eigenen Höheren nicht abreißen zu lassen. Die Pause als »Mini-Meditation« kann die Vertikale wieder bewusst machen, meine Verbindung zu mir selbst stärken.

Lauf nicht, geh langsam.
Du musst nur auf dich
zugehen!
Geh langsam, lauf nicht,
denn das Kind deines Ich, das ewig
neugeborene,
kann dir nicht folgen!

No corras, ve despacio
que odone tienes que ires a ti solo!
Ve despacio, no corras,
que il nino de tu yo, reciennacido
eterno,
ne tu puede seguir!

Juan Ramón Jiménez[52]

11 SCHWEIGEN ALS PAUSE

Die Zeit nimmt zu im Schweigen.
Max Picard

1948, noch im Nachklang des Zweiten Weltkrieges, erschien das Buch *Die Welt des Schweigens* des Schweizers Max Picard (1888–1965). Picard gilt als »Kulturkritiker«, aber was sagt so ein Wort? Mehr sagt über ihn, dass er auch ein Buch schrieb mit dem provokativen Titel *Hitler in uns selbst*, d.h. das Böse ist nicht einfach das Andere, sondern auch ein Teil von mir selbst. Ein Gedanke, der uns heute wieder im Zusammenhang mit dem Manichäismus beschäftigt.

Picard entdeckt das Schweigen als eigene Wirklichkeit. Sie entsteht nicht erst, wenn wir aufhören zu reden, sondern wird dann nur deutlich.

Die Welt des Schweigens ist ein Plädoyer, diese verlorene Ursprungswelt wieder zu entdecken und zu pflegen. Denn wir sind entwurzelt, haltlos, wie von allen guten Geistern verlassen! Das Schweigen ist immer da, aber nicht um seiner selbst willen. Vielmehr dient es dem wahren Wort. Ohne das Schweigen verkümmert dieses. Die Pause kann ein Tor zum Reich des Schweigens sein, in dem das Wort und die Zeit urständen.

> »Das Schweigen entwickelt sich nicht, es nimmt nicht zu in der Zeit, aber die Zeit nimmt zu im Schweigen. Es ist, als sei die Zeit gesät worden ins Schweigen, als ginge sie in

ihm auf, das Schweigen ist wie der Boden, in dem die Zeit voll wird.«[53]

Picard fühlt sich Sören Kierkegaard (1813–1855) verwandt. Beide sehen im Schweigen auch den Ursprung des Gebetes. Für Kierkegaard bedeutet Beten nicht einfach losreden, sondern zunächst schweigen: so lange schweigen, bis ich Gott höre, bis ich in ein inneres Einvernehmen komme. Aus dem Monolog des Schweigens wird ein innerer Dialog. Das menschliche Schweigen rührt im Gebet an das göttliche Schweigen. Im Urbeginn ging das göttliche Wort aus dem Schweigen hervor. Das Schweigen ist der Urgrund, aus dem das Wort wesenhaft hervorgeht.

Auf dasselbe deutet Peter Handke in seinem »Lob der Ruhe« hin. »Ruhe ist Freude, ist Teilnahme, ist Erbarmen, ist Gott.«[54] Für ihn ist die Ruhe das Höchste, das Intensivste am Menschen. »Sie ist nicht passiv, sondern dramatisch, voll innerer Aktivität.« Auf die Frage, wie man zur Ruhe komme, antwortete Handke: »Ich weiß auch nicht, wie es geht!«

Kierkegaard, Picard, Handke und weitere verbindet die Wertschätzung des Schweigens, der Ruhe als Quellgrund von Leben, Freude und Schöpfertum des Menschen, ja als Begegnungsort von Mensch und Gott – Qualitäten, die uns heute in Verbindung mit der *Achtsamkeit* wichtig geworden sind. Achtsamkeit durchzieht das Gewebe des Schweigens, das unserem Hören und Sprechen eine gesteigerte Qualität schenkt. Das Schweigen gehört zum Menschen. Die Pause kann ein Vorhof zu diesem Schweigen sein.

In seiner Bemühung um Achtsamkeit schrieb der Priester und Künstler Friedrich Doldinger (1897–1973) schon vor Jahrzehnten einen kleinen Text zum Thema Pause:

Achte der Pausen, der kleinen,
die unversehens das Schicksal
oft dir gewähret,
es kommt
einst auch der Kommende so.

Diese wenigen Worte sind ein wahres Kleinod. Sie führen bei meditativer Betrachtung zu einer großen, kraftvollen Ruhe. Dieser Text beginnt mit einem Anruf, Weckruf: »Achte …« Dieses »Achte!« ist kein Imperativ, nicht bestimmend, sondern zarter. Es macht mich erwartungsvoll: *Worauf* soll ich achten?

»Achte *der Pausen …*«

Da wird meine Aufmerksamkeit auf die Pause gelenkt als etwas Wichtiges, Notwendiges. Grammatikalisch ist »der Pausen« ein Genitiv. Dieser wird meistens als *Besitzfall* verstanden. So spricht Michael Ende in *Momo* von den »Dieben« der Zeit. Diese wollten die Zeit – und damit auch die Pausen – besetzen, um sie zu besitzen! Die »Um-Pausen«. Ich verwende sie, *um …*

Die Pause selber verschwindet in dem, was ich bezwecke. Die Grammatik spricht von »finalen Infinitiven«: Ich brauche die Pause, *um* ab- und umzuschalten. Die Pause selber verschwindet, ich ver-zwecke sie, denn was vor und nach der Pause ist, ist wichtiger. Hier bei Doldinger ganz anders: ich soll sie *würdigen*.

»Achte der Pausen, *der kleinen …*«

Nicht das Große ist hier wichtig, das Kleine erhält die Aufmerksamkeit, es geht um die *kleinen* Pausen, die offenbar keine Kleinigkeit sind. Das Kleine ist oft von größter Bedeutung: Ein *kleines*

Wort, ein *kleiner* Blick, eine *kleine* Geste – sollte in dem scheinbar Kleinen sich etwas Großes verbergen, das sich als überraschend Wesentliches entpuppt? Als große Möglichkeit etwa?

»Achte der Pausen, der kleinen,
die unversehens das Schicksal
oft dir gewähret …«

Unversehens – ein Schlüsselwort, um die tieferen Kammern unseres Erlebens zu öffnen. Ähnliche Bedeutung wie »unversehens« haben Ausdrücke wie »unerwartet, überraschend, plötzlich«. Poetischer als »plötzlich« klingt das Wort »unversehens«, es steckt »sehen« darin: Ich habe es nicht vorausgesehen, es kam ganz anders. Das Leben bleibt un-vorhersehbar. »Unversehens« ist nahe am Leben, es springt aus dem Moment hervor. Ich habe es gerade *nicht* kommen sehen! Es ist unversehens, plötzlich eingetreten. Manchmal geschieht auf diese Weise Unerhörtes, das die gewohnten Ordnungen zerbricht, neue Lichtungen schafft …

Das *Schicksal* gewährt mir Pausen. Wie oft sagen wir: »*Jetzt* krank werden, das geht gar nicht«, und der Blick in den Terminkalender bestätigt es: Da warten unbedingt notwendige, unverschiebbare Termine! Wer und was da alles »dranhängt«! Keine Zeit für Schicksalspausen! Und dann kommt oft ein Einschlag, vielleicht ein Schicksalsschlag, eine Krankheit … Pause.

Hier wird die zweckdienliche »Um-zu-Pause« zum Freiraum. Ich kann mich besinnen, in Ruhe wieder zu mir selbst kommen. Ich hatte gar nicht gemerkt, dass ich mich von mir entfernt hatte! Jetzt habe ich eine neue Chance. Dankbarkeit steigt auf, die Ahnung, dass die Pause mir *gewährt* wurde!

Etwas »gewähren« – ein feierliches, aus dem aktiven Sprachgebrauch verschwindendes Wort. Ob meine Enkel es noch verstehen? In »gewähren« schwingt Großzügigkeit, wissendes Geben mit Ruhe und Überblick. Ein Akt der Freiheit, ja vielleicht sogar der Gnade wurde mir gewährt.

Das Schicksal? Glauben wir noch an so etwas? Herrscht nicht eher die Auffassung: »Ich kann, ich will, ich nehme mein Schicksal selber in die Hand«? Und fühlt sich das nicht gut an, stimmig zu unserem modernen Lebensgefühl: Freiheit statt Schicksal? Meint der Text wirklich einen Rückfall in den Aberglauben eines passiven Determinismus, wenn er das Wort Schicksal benutzt?

Oder geht es um dies: Kann ich in meinem Freiheitserleben auch bemerken und anerkennen, was unversehens wie eine Gabe mir zukommt, zu mir kommt? Kann ich zu kraftvoller Aktivität seelenvolle Achtsamkeit hinzuentwickeln? Kann ich auf den Wegen meines Schicksals auf besondere Momente achten? Können mir Ereignisse zu »inneren Verkehrszeichen« werden? Wenn die »Schicksalsampel« unversehens auf Gelb springt, geben wir dann nicht oft noch mehr Gas, statt an- und inne zu halten?

Ich halte an, halte inne, mache Pause, bejahe sie, lasse sie eintreten und grüße sie: »Willkommen in meinem Leben!« Aufmerksam zu werden für Pausen, die das Schicksal uns gewährt, kann meine Freiheit erhöhen. Ich kann sehend werden für das, wofür ich vorher blind war, zum Beispiel dafür, dass mein Leben ein »rasender Stillstand« geworden war …

»Achte der Pausen, der kleinen,
die unversehens das Schicksal
oft dir gewährt …«

Und jetzt macht der Text selber eine Pause! Eine Zäsur tritt ein. Wunderbar! Was möchte hinein in diese Offenheit, in diesen Neu-Raum, der noch unberührt ist, wie neu gefallener Schnee? Kann ich die Pause halten, aus-halten, das Alte heraus-halten? Die Pause ist das Tor, die Schneise, durch die Neues in die Welt herein kann: ein neuer Gedanke, neue Gefühle, ein neuer Impuls. Die Pause ist etwas Grandioses, ein Göttergeschenk!

In diesem Freiraum erklingt die Botschaft:

»… es kommt
einst auch der Kommende so.«

»Der Kommende« verkörpert, was Kommen überhaupt ist: Den Schritt aus unbekannter Zukunft, die in den Sternen steht, herein in unsere Menschenwelt, in unser Leben. Etwas ist noch verborgen, aber wir spüren, dass es *kommt*. Es ist wie die Morgenröte vor dem Sonnenaufgang: Sie kündet an, sie verspricht das Kommen der Sonne. Der Gott der Zeit steht an der Schwelle, am Übergang, da wo Zukunft in Gegenwart übergeht. Es ist der Gott des Übergänglichen, der Gott des Kommens, der immer Kommende, der aus der Zeit in den Raum tritt. In ihm haben wir ein Bild des immer kommenden Christus. Er ist der Gott der Pause.

12 STILLE HÖREN

In der Landschaft des Inneren
steht die Zeit still.
Patrick Modiano

»Bis dahin hören sie Stille.«

Eine völlig überraschende Ansage in der Warteschleife. Es kommt kein freundliches Versprechen, keine unerwünschte Musik, es entsteht eine Pause! Der Anrufer erlebt zunächst die »Abwesenheit von ...« und ärgert sich hoffentlich nicht. Er darf die Wartepause gestalten, und dies wird ihm auch zugetraut! So ergibt sich unversehens die kurze Möglichkeit, ganz Herr seiner Zeit zu sein, wenn man das möchte. Denn nichts bestimmt mich jetzt von außen. In jeder aktiv ergriffenen Pause kann sich uns die Welt neu öffnen, in der Stille entfaltet sie ihre Schmetterlingsflügel, »stillt« sie unsere Sehnsüchte nach Vertiefung, Begegnung und Erfüllung.

Zwischen uns und der Welt, zwischen Ich und Du lebt der Raum des Möglichen, Zukünftigen, noch Ungeborenen. Das »Zwischen« ist wie ein Embryo. Die Stille der Pause kann ihm die Hülle geben, die es zu seiner Entwicklung braucht. Pause ist Spielraum; und was kann sich da alles ereignen, ein-spielen – auch in einer kurzen Pause in der Warteschleife.

Ein provokatives Beispiel dafür hat der Komponist John Cage (1912–1992) gegeben. Er war Schüler von Arnold Schönberg und gilt als führender Vertreter der revolutionären Avantgarde der modernen Musik. Cage hat sich intensiv mit dem Zen-Buddhismus befasst.

In den späten 1940er Jahren besuchte Cage den schalltoten Raum der Universität Harvard. Er betrat den Raum und erwartete, rein gar nichts zu hören, später aber schrieb er:

> »... hörte ich zwei Klänge, einen hohen und einen tiefen. Als ich sie dem zuständigen Techniker beschrieb, erklärte er mir, der hohe entstehe durch die Arbeit meines Nervensystems und der tiefe durch meinen Blutkreislauf.«

Wie erstaunlich! Cage sagte später: »Bis ich sterbe, wird es Klänge geben. Und diese werden meinen Tod überdauern.«[55]

Dieses Erlebnis mag beigetragen haben zu seiner Aufsehen erregenden Komposition 4'33. Diese wurde 1952 in Woodstock bei New York uraufgeführt. Der Pianist zeigte die drei Sätze des Stückes durch Schließen und Öffnen des Klavierdeckels an. Der Rest war Stille. Die Aufführung war für viele ein Skandal. Den Zuhörern war zuvor nicht bekannt, dass keine Musik zu hören sein werde. Gut 50 Jahre später wurde das Stück von einem Orchester in London aufgeführt. Das Publikum klatschte danach enthusiastisch ...

Man verstand Cages Botschaft so: Wir »müllen uns zu« mit allen möglichen Formen von Musik, von technischen Geräuschen, haben die Stille aus unserem Leben und aus unserer Seele vertrieben. 4'33 war ein »Protestsong« erster Ordnung, ein stummer Aufschrei! Für einige wurde dieses Stück zu einem Ereignis, einem Aufwach-Fest.

Und heute? Immer wieder werden die weitverbreiteten Hörschäden durch zu lauten Musikkonsum beklagt. Es fällt nicht schwer, einen Zusammenhang zwischen dem flächendeckenden

Aufmerksamkeitsdefizit und der Dauerbeschallung zu sehen, der wir überall ausgesetzt sind, und die uns bis aufs »stille Örtchen« verfolgt! Bemerken wir das noch? Wollen wir das?

Nur wenige Jahre nach dem Woodstock-Konzert von John Cage wird 1957 durch Dag Hammarskjöld im Gebäude der UN in New York der »Raum der Stille« eröffnet. Eine Raumgestaltung war entstanden, die Selbstfindung und Gottesfindung ermöglichen sollte und schon damals den Blick auch wieder auf die Innenwelt – gerade an diesem Ort der Bemühungen um Frieden – richtete.

In der Mitte des sonst leeren Raumes steht ein anthrazitgrauer Quader aus sieben Tonnen schwerem schwedischen Eisenerz. Der zuvor dort schon existierende Gebetsraum enthielt konkurrierende konfessionelle Symbole vieler Religionen: Die Menora, den siebenarmigen Leuchter, das Kruzifix, einen islamischen Halbmond und Gebetsteppich, einen tanzenden Shiva und einen meditierenden Buddha … Dag Hammarskjöld ließ alle diese Symbole entfernen. Stattdessen schuf er einen *leeren Raum*.

In seiner Eröffnungsrede sprach er davon, dass dieser Ort für Menschen vieler Glaubensbekenntnisse bestimmt sei, »wo die Tore zu dem unendlichen Land der Gedanken und der Gebete offen stehen mögen.«[56] Am Schluss seiner Ansprache greift Hammarskjöld ein buddhistisches Sprichwort auf, um dem Sinn des »Raumes der Stille« noch einmal zusammenfassend zu charakterisieren:

> »Ein sehr altes Sprichwort besagt, dass der Sinn eines Gefäßes und eines Fahrzeuges nicht in ihrer materiellen Umwandlung liegt, sondern in ihrer Leere. So ist es auch mit

diesem Raum hier. Es ist die Aufgabe jener, die den Raum betreten, die Leere zu füllen mit dem, was sie im Zentrum ihrer Stille finden.«

Ein Raum der Stille ermöglicht Zeit der Stille, Pause. So ist auch die Pause ein Rahmen, Gefäß, Ermöglichung für das, was der Mensch heranzieht, was in seiner Stille keimen und sich entfalten will: Stille als Quelle und Pause für Besinnung und den Frieden.

13 MOMO IN UNS

Zeit ist Leben, und das Leben
wohnt im Herzen.
Michael Ende

Momo, Michael Endes »Märchen-Roman« aus dem Jahr 1973, kann uns heute immer noch begeistern. Der Autor schildert in großen imaginativen Bildern den Kampf des Menschen in seinem Verhältnis zur Zeit. Bis heute erlebte das Buch zahlreiche Auflagen und wurde in 32 Sprachen übersetzt.[57] Das zeigt, dass Michael Ende mit diesem Roman für Kinder und Erwachsene etwas berührt und getroffen hat, das die Menschen im Innersten bewegte und beschäftigte. Die schon damals empfundene Not im Hinblick auf die Zeit ist seither noch größer, aber uns auch bewusster geworden. Das Buch *Momo* macht uns den Verlust bestimmter Lebensqualitäten, die mit unserem Verhältnis zur Zeit verbunden sind, deutlich. Wir verlieren nach und nach:

- die Empfänglichkeit der Welt und den Menschen gegenüber;
- unsere Resonanzfähigkeit;
- die Fähigkeit zum Abstand, zur Reflexion.

Wir brauchen dringend

- Entschleunigung und dadurch Besinnung auf das Wesentliche;
- die Entdeckung der Zeit als hohes Lebensgut.

Die Heldin Momo ist ein Straßenkind, ohne Familie, ohne Zuhause. Sie hat Zeit und kann tief und selbstlos zuhören. Dies bewirkt Wunder: Dumme Leute bekommen bei ihr gescheite Gedanken, ohne dass sie etwas sagt. Allein ihre volle Aufmerksamkeit und Anteilnahme lässt ratlose Menschen finden, was sie wollen, macht schüchterne frei und mutig, gibt jedem Menschen das Gefühl, dass er wichtig für die Welt ist. Nach einer solchen Empathiefähigkeit sehnen wir uns heute. Das Erüben eines Zuhörens dieser Qualität könnte unser soziales Leben heilsam befruchten.

Unsere Gegenwart erscheint imaginativ in dem Heer der Zeitdiebe: Kleine graue, alle gleich aussehende und auftretende Herren: Sie treiben die Menschen an, Zeit zu sparen, hetzen sie in immer neue zeitsparende Maßnahmen. In Wahrheit aber verlieren die Menschen dadurch ihre Zeit, auf subtile Weise werden sie ihrer beraubt. Wir kennen das: »Ich habe keine Zeit!« Eindrucksvoll schildert Michael Ende das Typische dieser Zeitdiebe: Sie sind hochintelligent, in allem schnell und verschlagen. Ihr Tun ist zentral gesteuert, und eine wesenhafte Kälte geht von ihnen aus. Sie betrachten Kinder als ihre »natürlichen Feinde«!

Warum? Kinder leben ganz im Jetzt, sie lassen sich nicht in Zeitzwänge pressen. Hier stößt die Macht der grauen Männer an Grenzen!

Momos entscheidende Helferin ist die Schildkröte Kassiopeia. Sie ist Urbild der Langsamkeit und verkörpert die Weisheit. Kassiopeia hilft Momo in den entscheidenden Momenten, ist in höchster Not auf einmal da, weist Momo den geheimnisvollen Weg zu Meister Horus, dem Herrn aller Zeit und schenkt ihr »Mut ohne Grund«, als sie vom übermächtigen Heer der Zeitdiebe verfolgt wird. Die Langsamkeit der weisen Schildkröte lässt Momo das wahre Geheimnis der Zeit ahnen: Ist die Zeit etwas wie ein Duft oder wie der Wind oder eine Art Musik, die man bloß nicht hört, weil sie immer da ist?

Einige Kapitel am Ende des Buches tragen Überschriften interessanter Paradoxien. Für Kinder und solche, die es wieder werden wollen, sind sie ein Wegweiser zum »Meister der Zeit«:

- Die Rechnung geht auf und ist doch falsch;
- Eine Menge Träume und ein paar Bedenken;
- Eine wilde Verfolgung und eine geruhsame Flucht;
- Momo kommt hin, wo die Zeit herkommt;
- Zu viel zu essen und zu wenig Antworten;
- Die Not im Überfluss;
- Große Angst und größerer Mut;
- Die Eingeschlossenen müssen sich entschließen.

Wer Herr der Zeit ist, ist auch Herr des eigenen Lebens.

14 DIE VERSIEGELTE ZEIT: ANDREJ TARKOWSKIJS IDEE DES FILMS ALS ZEITKUNST

Zeit: Das lebenspendende Element
Andrej Tarkowskij

Der russische Filmregisseur Andrej Tarkowskij (1932–1986) erhielt für seine Filme zahlreiche Auszeichnungen. Der große schwedische Regisseur Ingmar Bergman sieht in Tarkowskij den bedeutendsten Filmregisseur seiner Zeit. Er habe dem Kino eine neue, besondere Sprache gegeben, die es ihm erlaubte, das Leben in seiner Tiefe zu erfassen und darzustellen.[58]

Ein Zuschauer schreibt, man müsse Tarkowskijs Filme »so ansehen, wie man die Sterne, das Meer oder eine schöne Landschaft«[59] betrachte. Das heißt doch, man muss sie *mit der Seele* sehen, mit durchseeltem Blick, offen zu staunen und sich hinzugeben. Tarkowskij selber fühlt sich in dieser Hinsicht geistverwandt mit Künstlern wie beispielsweise Van Gogh.

Neben dieser *ästhetischen* Qualität schreibt ein anderer Zuschauer von der *philosophischen* Kraft dieser Filme. Es sei ihm unbegreiflich wie jemand mit filmischen Mitteln ein »philosophisch derart tiefgründiges Werk zustande bringen konnte«.[60] Denn es ist »ein Film über dich selbst … ein Film über den Menschen, der nach dir leben wird, dennoch aber ein ›Du‹ ist … ein Film darüber, dass der Mensch mit seinem Leben gegenüber der Vergangenheit und der Zukunft einzustehen hat.«[61] Ein Motiv, das besonders in Tarkowskijs letztem großen Film »Opfer« im Mittelpunkt steht: Denn ein Mensch, der nicht wenigstens das

Bestreben in sich spürt, sich selbst um eines anderen oder einer Sache willen zu opfern, hat für Tarkowskij aufgehört, Mensch zu sein!

In allen Filmen Tarkowskijs ist die Zeit zentrales Thema, Film ist für ihn »Bildhauerei aus Zeit«. Die Zeit ist auch seinem persönlichen Schicksal in besonderer Weise eingeschrieben. Seit seinem ersten großen Film »Iwans Kindheit« (1962) erhielt er in der damaligen Sowjetunion nur für sechs Filme weitere Dreherlaubnis, da seine Kunstauffassung nicht systemkonform war. Diese »quälend langen Pausen« nutzte er zur Vertiefung und Reflexion seiner neuartigen Filmkunst: »Ich hatte Zeit …« Die großen, ungewollten Pausen – zur Untätigkeit verdammt – wurden Geburtshelfer für seine revolutionären künstlerischen Filme!

Ein Jahr vor seinem Tod, schon von seiner Krankheit gezeichnet, veröffentlicht er *Die versiegelte Zeit*. Darin stellt er dar, was er sich im Zeitstau seiner Schicksalspausen errungen hat: seine Gedanken zur Kunst, zur Ästhetik und Poetik des Films. Letztlich – so Tarkowskij – dokumentiere dieses Buch »eine Art Suche nach einem umfassenden, unabhängigen Selbst«!

Tarkowskij erinnert daran, dass überhaupt schon der Anfang des Films Ende des 19. Jahrhunderts in signifikanter Weise mit Zeit zu tun hatte, in diesem Fall mit der Zeit, die ein Zug benötigt, um in einen Bahnhof einzufahren. Der erste im Jahr 1895 gedrehte Film heißt »Die Ankunft des Zuges«, der annähernd frontal auf die filmende Kamera zufährt.

Für Tarkowskij ist das zentrale Thema seines Filmschaffens, für den Menschen *die Zeit zu retten*. Schon in »Iwans Kindheit«, mit dem er seinen Durchbruch schaffte, spielt die Zeit eine wesentliche Rolle. Was hat ihn an der Kriegserzählung von Wladimir Bogomolow (1926–2003) so fasziniert, dass er sie verfilmen wollte? Im Mittelpunkt des Films stehen nicht heroische Kriegsaktionen, sondern die *Pause zwischen zwei Gefechten.* Gerade in dieser Pause aber *offenbart sich* der Wahnwitz des Krieges: die tatsächliche Atmosphäre, die ungeheure nervliche Anspannung unter der Oberfläche der Ereignisse.

Ein zentrales Bild zeigt den Helden des Films, den jungen Iwan, noch ein Kind: Er watet an der vordersten Frontlinie durchs Wasser. Das eindrückliche Bild des toten, von Wasser überfluteten Waldes zeigt zugleich Iwans verlorene Kindheit, die toten Bäume, sein vom Krieg zerstörtes Leben ... Die Bilder selbst sprechen den Irrsinn des Krieges aus – so wie der Leichnam eines dreijährigen Jungen, ertrunken auf der Flucht, wie ein Mahnmal am Strand liegend. Kontrastiert werden die Kriegsbilder durch heitere Kindheitserinnerungen Iwans, der – wie wir am Ende des Filmes erfahren – den Krieg nicht überlebt hat. Indem der Zuschauer eintaucht in diese Landschaften – die heiteren Erinnerungen werden so real dargestellt, wie der Kriegseinsatz – wird seine Seele angesprochen, werden starke Gefühle geweckt. Der Zuschauer erfährt die Möglichkeit freier Identifikation lebendiger Anteilnahme mit Iwan.

Tarkowskij erreicht die Tiefe seines Werkes durch wenige, dafür aber lange und ruhige Einstellungen. Denn das menschliche Fühlen braucht, um zu einem wirklichen Erleben zu kommen, viel länger als das Denken für das Erfassen eines Gedankens. Tarkowskij schenkt uns diese Zeit. Er gibt die Möglichkeit zu tiefem eigenem Erleben, in dem der Zuschauer zu sich selber kommen kann.

Die Bildfolgen sind erfüllt von unterschiedlichen Formen innerer Zeithaltigkeit. Ob es sich um abblätternde Mauern, das Tragen einer brennenden Kerze, das Bild einer Ruine, trommelnden Regen, tanzende Schneeflocken, um Flüsse und Bäche oder eine verfallende menschenleere Fabrik handelt – die Zeit mit all ihren Konsequenzen ist stets anwesend und wird seelisch erlebbar. Das Selbst des Zuschauers erfährt sich in einer elementaren Ebene als in der Zeit stehend.

Für Tarkowskij muss ein Film die Realität erhellen, den Dingen ihren inneren Glanz, ihre Würde und Einmaligkeit wiedergeben. Besonders seine späteren Filme sind für Hans-Dieter Jünger »Eurythmien und Synästhesien ... für jenes ›innere Auge‹, das zuweilen die Dinge für Augenblicke mit den Augen derer zu sehen vermag ›die sie nicht mehr sehen‹ und vielleicht gerade deshalb klarer sehen ...«[62]

Er erlebt in den Filmen »Stalker« und »Nostalghia« eine Einladung zu »orphischen Reisen ins Innere der Zeit«. In dieser Zone wird eine umgreifende Zeit des Erinnerns erlebbar, in der die Uhren anders gehen. In solche Film-Zeitlichkeit einzutauchen, verändert und befreit die eigene Wahrnehmungsfähigkeit und vermittelt ursprüngliche Zeiterfahrung.

Der Film im Allgemeinen inszeniert erinnerte Zeit als imaginative Wiederkehr tief erlebter Zeit. Er hat sowohl mit der Malerei als auch mit der Musik Berührungspunkte und Verwandtschaft. Tarkowskij strebt die Anschaulichkeit der Malerei an, einschließlich der »Zitate« von Bildern alter Meister, zugleich aber auch die poetische Logik im Rhythmus der Bildfolge.[63] Eine solche »Augen-Musik« (Sergej Eisenstein) entspricht der Obertonmontage in der Musik, wird polyphone Zeit- und Rhythmus-Kunst.

Tarkowskijs Schaffen sucht die inneren Qualitäten, das Innere der Zeit selbst. Indem er zum Beispiel den Rhythmus des Regens zu einer neuen Art von Musik gestaltet, gibt er der Welt ihren Zauber wieder, bricht unseren verdinglichenden Blick auf. Es sind Filme aus dem Geist der Musik. Tarkowskij gestaltet

Filmbilder und Bildfolgen, die man als existentielle »In-Bilder« unserer inneren, seelischen Zeit empfinden kann. Sie ähneln darin den japanischen Haikus, auf die er in seinem Buch *Die versiegelte Zeit* auch ausdrücklich zu sprechen kommt. Der Haiku – wie für Tarkowskij auch der Film – hat die Aufgabe, einen Augenblick einzufangen, der in seiner Zeitfülle an das Ewige angrenzt. Die Qualität eines Films ermisst sich für Tarkowskij an seiner inneren Zeithaltigkeit, die aber zugleich welthaltig und weltverbunden ist. Für Hans-Dieter Jünger liegt die Idee von Tarkowskijs Schaffen durch seine Entsiegelung der Zeit im Retten der Erde, im Empfangen des Himmels, im Erwarten des Göttlichen, im Geleiten der Sterblichen.[64]

Tarkowskij selber fasst seine Verehrung, seine Liebe zum Wesen der Zeit so zusammen: Zeit sei das »lebenspendende Element der menschlichen Seele, in dem sie zu Hause ist wie der Salamander im Feuer.« Ihn interessieren die »moralischen Qualitäten«, die der Zeit immanent sind. Ja, für Tarkowskij ist die Zeit letztlich etwas Wesenhaftes, »die uns nährende Atmosphäre«, »der Grund, der den Menschen ethisch speist«.[65] Die Zeit wird für seine Filmkunst zu einer »neuen Muse im vollen Sinne des Wortes«! Sie ist die »Grundlage aller Grundlagen«.[66]

Dabei wäre es unsachgemäß, Tarkowskij als Romantiker abzuqualifizieren. In seinem Film »Stalker« aus dem Jahr 1979 zeigt er eine trostlose, verlassene Industrielandschaft, gedreht nicht weit von Tschernobyl, einige Jahre vor der Katastrophe. Gefragt, was diese »Zone« bedeute, wofür sie Symbol sei, wies Tarkowskij den Frager auf sich selbst zurück:

> »[Die] Zone ist einfach die Zone. Sie ist *das* Leben, durch das der Mensch hindurch muss, wobei er entweder zugrunde geht oder durchhält.«[67]

In allem ist Tarkowskij zugleich zeitgenössischer Poet. Seine Filme sind visuelle Gedichte. Sie verdichten Landschaften zu Seelenlandschaften, zu Expeditionen nach innen. Poesie ist ihm eine Haltung zur Welt, eine Frage realer Beziehung. Die Filmbilder schaffen Gegenwärtigkeit, holen den Zuschauer in das Jetzt.

Tarkowskijs Filmkunst schenkt uns die verlorene Zeit zurück. Er erweist sich als *Meister der Zeit*, als ein großer *Freund der Zeit*. Den Vorwurf des Elitären weist er von sich. Er ist im Gegenteil der Überzeugung, dass wir alle als Menschen Sehnsucht nach tiefer Beziehung zum Wesen der Zeit in uns tragen, diese Sehnsucht aber verschüttet ist.

Andrej Tarkowskij war tief religiös, doch hielt er die orthodoxe Kirche für nicht zeitgemäß. Die Kunst hat für ihn einen eigenen religiösen Auftrag: Vielleicht sei das Erschaffen von Kunstwerken »das einzig Zweckfreie und Uneigennützige«. Und vielleicht liege gerade darin ein Zeugnis dafür, »dass wir nach Gottes Ebenbild erschaffen sind«.[68]

15 ZEITINSELN SCHAFFEN IM KAMPF FÜR DIE FREIHEIT DES MENSCHEN

Vielleicht sind wir nichts als
Schalen
womit der Augenblick
geschöpft wird.
Hilde Domin

Die Frage nach der Freiheit, der Unabhängigkeit und Einmaligkeit des Menschen ist die Achse des Werkes von Hilde Domin (1909–2006). Wer Zugang findet zu Werk und Wesen dieser Lyrikerin, erlebt ihr Brennen für das bedrohte Wesen des Menschen. Die »geheimen Verführer« – ein Begriff, den der US-amerikanische Journalist und Sozialkritiker Vance Packard (1914 –1996) in seinem gleichnamigen Buch aus dem Jahr 1957 prägte[69] – wirken unbemerkt und nur schwer erkennbar im Unsichtbaren. Sie lancieren die »Selbstabschaffung des Menschen«, die sich schleichend vollzieht, ohne vom allgemeinen Bewusstsein wahrgenommen und realisiert zu werden. Dem Menschen droht seine Verdinglichung zu einem beliebig verwendbaren Baustein.

Hilde Domins Persönlichkeit und Werk ist ein Aufschrei, ein Weckruf an alle, die ihn noch hören können und wollen. Ein Manifest des Menschen, ein Aufruf an ihn, um sein Kostbares und Einmaliges zu wissen, es zu schätzen und zu hüten. Wie ernst sie die Gefahr sieht, dass der Mensch sein Wesen verspielt, wird drastisch deutlich, wenn sie zustimmend Jakob von Uexküll zitiert: »Wir brauchen keinen Propagandaminister mehr, jeder denkt schon von selbst, was er denken soll.«[70]

Kann dieser furchtbaren Wahrheit noch etwas entgegengesetzt werden? Ihre ganze Existenz wirft Hilde Domin diesem Mainstream entgegen! Sie praktiziert und ruft auf zu einem dreifachen Mut:

- dem Mut, ich selbst zu sein in jedem Augenblick meines Lebens;
- dem Mut, die Welt nicht umzulügen, sondern wahrhaftig die Dinge beim Namen zu nennen;
- dem Mut, trotz allem weiterhin an die Anrufbarkeit des Menschen zu glauben.

Hauptkampfmittel in diesem Aufstand für den Menschen ist ihr die Pause. Pause ist Atemraum der Freiheit, Zeitinsel, Stillzone im Wirbel, Eintreten in eine andere Zeit. Lyrik, Kunst überhaupt, schafft Pausen, Innehalten, Reflexion und gewährt Identität für Augenblicke. Lyrik *ist* Pause, aktive Pause, Zeitstopp. Sie macht dem Menschen das eigene Ich wieder zugänglich. Im Gedicht erscheint kometenhaft das eigene Höhere. Das ist auch der Moment höchster Selbstentäußerung.

Hier schließt Hilde Domin an den ihr herzverwandten Paul Celan an. Ihm sind Gedichte »Wege einer Stimme zu einem wahrnehmbaren Du … ein Sichvorausschicken zu sich selbst, auf der Suche nach sich selbst«.[71] In einer Gesellschaft, die »wie ein Staubsauger« den Einzelnen ansaugt und ihn prämiert für reibungsloses Mittun in ihrem wohlorganisierten Wirbel, wird der Dichter zum »Treuhänder noch möglicher Unabhängigkeit«.

Lyrik ist Aufruf zum Widerstand, zum Sand im Getriebe. Im zeitweiligen Rückzug lassen sich Kräfte sammeln für den Vorstoß ins Wahre, für Trotz und Einmischung. »Empört euch« (Stéphane Hessel), reckt euch empor und verspielt euren aufrechten Gang nicht!

Welche Aufgabe wird hier der Lyrik als aktiver Pause zugesprochen: als Rettung, als Kraftquelle und Selbstfindung für den sich selbst entfremdeten Menschen!

Kriterium echter Kunst ist für Hilde Domin ihre Authentizität, ihre »Unverlogenheit«. Sie legt Zeugnis davon ab, wie schwer es im Wortfindungsprozess des Schreibens ist, den schmalen Grat der Wahrhaftigkeit zu gehen und beispielsweise auf zu Mode gewordene Wörter, auf Klischees etc. zu verzichten. Nur so finden Lyrik und Kunst ihre Gipfel, haben Epiphanie-Charakter:

> »Das Kunstwerk hilft zu erkennen, wie die Dinge wirklich sind, wie man selbst ist, wie die konkrete Wirklichkeit ist, in der man sich bewegt, und wie sie sich zur Wirklichkeit aller Zeiten verhält, auch wie sie sein *sollte*, im Idealfall, und was man mit der Wirklichkeit für Erfahrungen machen kann. Es geht um Wahrheit, um das, worauf es ankommt …«[72]

Die aus aktiver Pause entsprungene Lyrik ist zugleich Sprungfeder in eine Wirklichkeit, die »›wahrer‹, daher wirklicher ist, als die ›erste‹ Wirklichkeit«. Als Lyrikerin fasst Hilde Domin ihr Credo in folgendem Gedicht zusammen:

Dies ist unsere Freiheit
die richtigen Namen nennend
furchtlos
mit der kleinen Stimme

einander rufend
mit der kleinen Stimme
das Verschlingende beim Namen nennen
mit nichts als unserem Atem

salva nos ex ore leonis[73]
den Rachen offen halten
in dem zu wohnen
nicht unsere Wahl ist.[74]

AUSBLICK: ZEIT SCHENKEN

Zeit ist angeschautes Werden.
G.W.F. Hegel

Für das kleine Kind gibt es den Begriff »Zeit« noch nicht. Es lebt, und das Leben birgt die Zeit, und die Zeit birgt das Leben in sich – alles ist Eins. Erst durch den Abstand zur Welt wird das wesenhafte Erleben allmählich verdrängt und ersetzt durch den abstrakten Begriff. An die Stelle der realen Zeit tritt die Uhr, und heute die wachsende Ökonomisierung der Zeit.

Der daraus resultierende Verlust und seine Folgen werden uns heute schmerzlich bewusst. Es breitet sich in den Seelen der Menschen eine Sehnsucht aus nach Wiedergewinnung eines *lebendigen Verhältnisses zur Zeit*. Dazu möchte dieses Buch beitragen.

Schon 1984 fand in Venedig ein internationales Symposion statt mit dem provozierenden Titel »Die sterbende Zeit«.[75] Es ist ganz erstaunlich, wie es in den Beiträgen nicht nur um unser Verhältnis zur Zeit geht, sondern es wird »ein Blick von oben« gewagt: Wie steht es um die Zeit selber, als Qualität, als Wesen?

Der damalige Beitrag von Dietmar Kamper[76] schildert, dass alte Kulturen, wenn sie viel Zeit *verbraucht* hatten, auch Zeit »*zurück gaben*« durch lange Riten, Opfer, Stille. Dadurch wurde ein Ausgleich angestrebt und ein Neubeginn möglich.

Wir dürfen uns fragen, wie *unser* individuelles Zeitkonto heute aussieht. Wie stehen Gewinn und Verlust zueinander? Es ist wichtig geworden, das eigene Verhältnis zur Zeit zu bedenken, es in den Blick zu nehmen, und sich seiner Bedeutung bewusst zu werden. Im Umgang mit der Zeit spiegelt sich die Beziehung zum eigenen Selbst. Lebe ich *mit* der Zeit, oder *gegen* sie? Habe ich ein selbstbestimmtes Leben, oder bin ich schon der »funktionale Mensch«, dem Imre Kertész bescheinigt, dass er sich selbst verloren hat.[77] Unterliege ich einer Personalentwicklung oder betreibe ich meine eigene Persönlichkeitsentwicklung?

Unser sich entwickelndes Ich, der werdende Mensch mit seinem vollen Potenzial, gedeiht nur in freien Zeit-Räumen, die Besinnung, Stille, Empfänglichkeit und Eigenstärkung ermöglichen. Dabei kommt es nicht so sehr auf die Länge, sondern auf die Intensität solcher freien Zeiten an.

Entscheidend ist, dass der Mensch in solchen aktiven Pausen wieder den Kontakt zu seinem ureigenen Potenzial findet. Aus solcher Verbindung kam die französische Philosophin Simone Weil (1909–1943) in ihrer Zeiterfahrung zu einem radikal neuen Zeitbegriff:

»Zeit ist die Geduld Gottes,
der auf unsere Liebe wartet.«[78]

Nur wer auch Zeit schenken kann, ist Herr seiner Zeit.

ANHANG 1

ANFANG DER ZEIT
ASTROPHYSIK UND GEISTESWISSENSCHAFT

Das Wahre ist das Ganze.
G. F. W. Hegel

Ob die Zeit einen Anfang hat oder ob sie seit Ewigkeit besteht, ist eine uralte Menschheitsfrage. Vermutlich hat sich fast jeder Mensch diese Frage in seinem Leben schon einmal gestellt. Ist es eine Pirouette des Intellekts, Zeichen seiner Abgehobenheit, so etwas zu fragen? Spielerei? Oder ist es eine der Kinderfragen, die uns oft näher an die Wirklichkeit heranführen – so wie etwa die Frage: Wohin geht die Flamme, wenn wir die Kerze löschen?!

Die Frage, ob die Zeit einen Anfang hat, weist uns in die Vergangenheit, in die Urgründe alles Seins. Die heute übliche Vorstellung ist, dass die Zeit eine unendliche Linie ist, die sich im Grau der Vorzeit verliert, und im Prinzip niemals endet. Die Frage: *Was war vorher?* scheint uns in einen unendlichen Regress zu führen.

Umso aufregender ist es nun, dass die modernste Astrophysik aufgrund ihrer Forschungen zu dem Ergebnis kommt: *Die Zeit hat einen Anfang*, es gibt einen ersten »Weltzustand«, aus dem Zeit und Raum erst hervorgegangen sind! Dadurch erfährt unser Weltbild eine fundamentale Korrektur, und wir halten inne: Wie schwierig wird es sein, Worte zu finden für diesen Anfang, der scheinbar undenkbar ist. Denn wie soll die Zeit begonnen haben?

Es wird interessant sein zu sehen, zu welchen Worten und Bildern die Physiker greifen, um diesen Grenzbereich unseres Seins, unserer Welt in Sprache zu bringen.

> »Alle heute als physikalisch realistisch angesehenen Weltmodelle besitzen ... einen *absoluten Nullpunkt der Zeit.*«
> Bernulf Kanitscheider[79]

Dies steht in Übereinstimmung mit der heutigen Forschungslage, denn welche plausiblen Annahmen über Beschaffenheit von Materie und Kausalitätsstruktur man auch zugrunde gelegt hat, man fand mit mathematischen Methoden *keinen Anhalt für eine unbegrenzte Zeitdauer*, für eine unendliche Vergangenheit. Wir sehen uns also mit der erstaunlichen Tatsache konfrontiert, dass die Zeit aus heutiger naturwissenschaftlicher Sicht nicht endlos ist, sondern einen Anfang hat. Wie ist dieser Anfang zu denken?

Der Begriff »Ereignis« komme dafür nicht in Frage, sagt Kanitscheider, denn Ereignisse werden verstanden als *bewirkt* von etwas, was *vorher* war und *bewirkend*, was *später* sein wird. »Ein Ereignis, das nur anderes bewirkt, ohne selbst bewirkt zu sein, ist undenkbar.«[80]

Kanitscheider zeigt sich in seinen Begriffen als erfinderisch, um für das Phänomen, das unser heutiges Weltbild sprengt, adäquate Worte zu finden. Der Anfang der Zeit ist also kein Ereignis, er ist der *Rand des Universums*, der Rand für alle späteren Ereignisketten. Wir kommen also – im doppelten Sinne – »an den Rand«: objektiv an den »Rand des Universums«, subjektiv an den Rand dessen, was wir verstehen können!

Kanitscheider gesteht ein, dass die moderne Astrophysik in einer Beschreibung endet, die unseren normalen Verstand (»Alles hat eine Ursache«) übersteigt. So bleibe nichts anderes übrig, »... als den Beginn der Welt als *spontanen akausalen Entstehungsvorgang* ohne zeitlichen Vorgänger anzusehen.«[81]

Wie verhält sich diese Darstellung von einem Anfang der Zeit selber zu den diesbezüglichen Aussagen der Geisteswissenschaft Rudolf Steiners? Kann man die »Anfangssingularität« (Kanitscheider) eines spontanen akausalen Entstehungsvorgangs *geistig* verstehen, sodass Astrophysik und Geisteswissenschaft sich möglicherweise als zwei Seiten derselben Medaille erweisen? Es war Rudolf Steiners zentrales Anliegen, dass seine Forschungen nicht im *Gegensatz*, sondern als *komplementäre* Aussagen zur modernen Naturwissenschaft verstanden würden.[82]

Ist es demnach möglich, die heutige Astrophysik und Steiners Aussagen zur Weltentstehung bzw. über den Anfang von Zeit und Raum im Sinne sich ergänzender Aussagen zu verbinden, zusammenzuschauen?

Einen Ansatzpunkt für einen Brückenschlag zwischen Astrophysik und Geisteswissenschaft kann der von Kanitscheider verwendete Ausdruck »spontan« sein: Die Weltentstehung sei eine Anfangssingularität, und man könne sie nur als *spontanen* Geschehensvorgang denken. Schon das ist eine Herausforderung für die Naturwissenschaft, denn als wissenschaftliche Wahrheit gilt gemeinhin, was im Experiment jederzeit reproduzierbar ist, aber nicht, was sich *singular*, einmalig gezeigt hat. Was aber ist der *Kern* dieser spontanen Singularität, was ist ihr »Ursprung« – nicht in einem zeitlichen Sinne?

Das Wort »spontan« bedeutet: aus eigenem inneren Antrieb, seiner plötzlichen Eingebung folgend; unmittelbar; freiwillig; von selbst.[83] Das Wort geht zurück auf lat. *spons*, »(An)trieb, freier Wille«. »Spontaneität« bedeutet, besonders in der Fachsprache der Philosophie: »Selbstbestimmung; freie Willensäußerung«.

Wenn die Weltentstehung – und damit der Anfang der Zeit – auf *Selbstbestimmung* zurückgeht, drängt sich die Frage auf, wer das Subjekt dieser freien Willensäußerung ist. Die Materie? Oder haben hier Wesen einmalig, aus eigenem inneren Antrieb *gehandelt*? Ist der Ursprung von Welt und Zeit also nicht in *äußeren Ursachen*, sondern in einem *inneren Antrieb* von *Wesen* zu suchen?

Die Frage könnte sein: Liegt dem Weltbeginn, dem Anfang der Zeit, das Handeln geistiger Wesen zugrunde? Ist die physisch-materielle Entwicklung der Schattenwurf, die *äußere* Spur dieses spontanen singularen Handelns eines Wesens? Können *äußere* Tatsachen nicht auch *innere*, im freien Willen urständende Ursachen und Gründe haben?

Die Weltentstehung – und damit auch die Frage nach dem Anfang der Zeit – thematisiert Rudolf Steiner in seinem 1909 erschienenen Grundwerk Die *Geheimwissenschaft im Umriss*, insbesondere in dem Kapitel »Die Weltentwicklung und der Mensch«. Dieses Buch hat – wie Steiners schriftliche Werke im Ganzen – die Intention, die Geisteswissenschaft vor dem wissenschaftlich-kritischen Bewusstsein unserer Zeit und damit für jedes unbefangen denkende moderne Bewusstsein darzustellen. Steiners Grundgedanke ist, dass Materie aus Verdichtung von Geistigem entstanden ist, wie z.B. Eis aus Wasser. Wer aber *nur* Eis wahrnehmen könne und nicht Wasser, der solle seine eigene

Begrenztheit nicht zum Maßstab machen und sagen, es gebe nur Eis, aber kein Wasser.

Übertragen führt dies zu der Frage: Ist das moderne Bewusstsein bereit, *Übergänge* zu *denken*, im Denken zuzulassen. Die Darstellung der Weltentstehung als *Prozess des Überganges* von Geist zu Materie, die in der »Geheimwissenschaft« von 1909 nur »im Umriss« gegeben wurde, erfährt 1911 durch die Vorträge Steiners über die »Evolution vom Gesichtspunkt des Wahrhaftigen« (GA 132) eine Vertiefung. Dabei wird auch der Anfang der Zeit anschaulicher geschildert. Alle diese Schilderungen sind eingeleitet und begleitet von methodischen Bemerkungen, wie z.B., dass es eigentlich unmöglich sei, eine so andere Welt wie die *Saturnverkörperung* der Erde mit Worten unserer *Erdenwelt* zu beschreiben, dass man zu Bildern greifen müsse, um diese Grenzerlebnisse auch nur annähernd verständlich machen zu können.

Für den Geistesforscher stellt sich die Saturnverkörperung der Erde dar wie ein »wogendes Meer des Mutes«. Dieses Meer des Mutes ist aber nur die »Außenseite« der »Geister des Willens« (Throne)! Dies sind – so Steiner – Wesenheiten, die nur aus Mut bestehen! Das ist kaum vorstellbar, und doch geht etwas Begeisterndes von dieser Imagination aus: substanzieller Mut, erfüllt und durchzogen von elementarer Kraft. Das Ganze strahlt eine mächtige Wärme aus!

Im Weiteren stellt sich dem Geisteswissenschaftler dar, dass das Meer des Mutes durchblitzt, durchglimmt ist von Helligkeit, von hellen, wolkenartigen Gebilden. Der innere Charakter dieser Helligkeiten ist *hinstrahlende Weisheit*. Es ist die Ausstrahlung, der Zauberhauch, der von den *Cherubim* ausgeht.

Als nächstes tritt im inneren Erleben das Gefühl auf: *Die Throne opfern den Cherubim*. Sie opfern ihre eigene Wesenheit, sie geben sich den Cherubim hin, und zwar spontan, aus ihrer eigenen Stärke und Kraft, freiwillig. Eine akausale, spontane Singularität steht – nach Steiner – am Anfang der Weltentwicklung!

»Durch das Opfer, das die Geister des Willens den Cherubim bringen, wird die Zeit geboren.« *Die Zeit ist das Kind der Throne und der Cherubim*: Die Archai, die Zeitgeister, verdanken ihr Dasein dem Opfer der Throne und der daraus entstehenden Wärme. *Wärme ist in Wahrheit Opfer!*

Wenn vom damaligen Saturndasein und dessen Wärme gesagt werden kann, dass sie bis in die Gegenwart real wirksam ist, wie ist es dann mit der Zeit? Dürfen wir auch heute sagen: Hinter »Zeit« verbergen sich hohe geistige Wesenheiten, die Archai? Haben wir nur deshalb Zeit, weil es diese Wesenheiten gibt? Und schenken sie uns dauernd die Zeit?

Es eröffnet sich der grandiose, wesenhafte Zusammenhang von Wille, Opfer und Zeit. Wir dürfen offenbar davon ausgehen, dass diese Wirksamkeit auch heute und in Zukunft besteht – nicht nur im Makrokosmos, sondern ihre Fortsetzung im Mikrokosmos hat, im Menschen. Dieser Ausblick zeigt den tiefen Zusammenhang zwischen dem Wesen Zeit und dem Wesen Mensch: Aus der Hingabe des eigenen Willens kommt dem Menschen lebendige Zeit zu.[84]

ANHANG 2

AUGENBLICK UND EWIGKEIT
WAS AKTIVE PAUSEN UNS ERÖFFNEN KÖNNEN

DER AUGENBLICK, DIESES WUNDERBARE ETWAS

Denn das Augenblickliche scheint etwas derartiges zu bezeichnen, dass von ihm aus etwas in den einen oder anderen von zwei entgegengesetzten Zuständen übergeht. Denn nicht aus der Ruhe geht etwas, während es noch ruht, in die Bewegung über, noch aus der Bewegung, während es sich noch bewegt, in die Ruhe über, sondern der Augenblick, dieses wunderbare Etwas, liegt zwischen der Bewegung und der Ruhe, keiner Zeit angehörig, und in ihm und aus ihm geht das Bewegte zur Ruhe und das Ruhende zur Bewegung.

Platon (428/427 – 348/347 v.Chr.), *Parmenides* in: Platon, *Sämtliche Werke*, Bd. 2, Berlin 1940, S. 540 f.

AUGENBLICKE DES DIALOGS MIT DEINEM ICH

Hüte dich also, deinen treuesten Freund, dich selber, so zu vernachlässigen, dass dieser treue Freund dir den Rücken kehre, wenn du seiner am nötigsten bedarfst. Ach es kommen Augenblicke, in denen du dich selber nicht verlassen darfst, wenn dich auch jedermann verlässt; Augenblicke, in welchen der Umgang mit deinem Ich der einzige tröstliche ist – was wird aber in solchen Augenblicken aus dir werden, wenn du mit deinem eignen Herzen nicht in Frieden lebst, und auch von dieser Seite aller Trost, alle Hilfe dir versagt wird?

Adolph von Knigge (1752–1796), *Über den Umgang mit Menschen* (1788), Frankfurt a.M. 1977, S. 82 f.

DIE KUNST DES LEBENS

Jeden Augenblick des Lebens, er falle, aus welcher Hand des Schicksals er wolle, uns zu, den günstigsten, sowie den ungünstigsten zum bestmöglichen zu machen, darin besteht die Kunst des Lebens, und das eigentliche Vorrecht eines vernünftigen Wesens.

Georg Christoph Lichtenberg (1742–1799), *Schriften und Briefe*. München 1967, Bd. 2, S. 170.

AN MEINE SCHWESTER

Du scherzest, dass ein Datum ich vergaß,
Und meinst, ich dürfte bei dem Stundenmaß
Mit einem Federstriche mich verweilen.
Du schreibst: »Datiere künftig deine Zeilen!«
Doch war das Zählen meine Sache nie,
Nach dem Wievielten such ich stets vergebens,
Auch diese Zeilen, wie datier ich sie?
»Aus allen Augenblicken meines Lebens!«

Kurz ist und eilig eines Menschen Tag,
Er drängt, er pulst, er flutet, Schlag um Schlag,
Wie eines Herzens ungestümes Klopfen …
Wer teilt die Jagd des Bluts und seiner Tropfen?
Es ist der Sturm, der nie zur Rüste geht,
Die Wechselglut des Nehmens und des Gebens,
Und meine Haare flattern windverweht
In allen Augenblicken meines Lebens.

Zu ruhn ist mir versagt, es treibt mich fort,
Die Stunde rennt – doch hab ich einen Hort,
Den keine mir entführt, in deiner Treue!
Sie ist die alte wie die ewig neue,
Sie ist die Rast in dieser Flucht und Flut,
Ein fromm Geleite leisen Flügelschwebens,
Sie ist der Segen, der beständig ruht
Auf allen Augenblicken meines Lebens.

Ich hemme die beschwingten Rosse nicht,
Ich freue mich, mit jedem neuen Licht,
Das Feld gestreckten Laufens zu durchmessen,
Ein fernes, dunkles Gestern zu vergessen,
Ich fliege – hinter mir versinkt die Zeit -
Im Morgensonnenstrahl verjüngten Strebens!
Vorbei! … Nur du allein weißt noch Bescheid
Von allen Augenblicken meines Lebens.

Conrad Ferdinand Meyer (1825–1898),
Werke, München o.J., Bd. 1, S. 123 f.

ÜBER DEN ARZT DOKTOR FRIEDRICH HAAS (1806–1853) IN MOSKAU

In Moskau lebte ein alter Mann, ein »General«, das heißt, ein Wirklicher Staatsrat, mit einem deutschen Namen; sein ganzes Leben lang suchte er Zuchthäuser und Verbrecher auf; jeder Sträflingstransport nach Sibirien wusste im Voraus, dass er auf Worobjowy Gory von dem »alten General« verabschiedet wird. Er tat das mit tiefstem Ernst und großer Frömmigkeit; er erschien, schritt die Reihen der Sträflinge ab, die sich um ihn scharten, blieb vor jedem stehen, fragte jeden nach seinen Bedürfnissen, erteilte fast nie irgendwelche Belehrungen und sprach alle mit »Golubtschik« an. Er verteilte Geld und schickte Notwendiges – kleine Fußlappen, große Fußlappen, Leinwand, brachte manchmal Erbauungsbücher mit, die er an jeden Lesekundigen verschenkte, in dem festen Glauben, dass er sie unterwegs selbst lesen und daraus den Analphabeten vorlesen würde. Nach den Verbrechen fragte er nur selten, hörte höchstens zu, wenn ein Verbrecher von selbst zu erzählen begann. Alle Verbrecher galten ihm gleich, er machte keinerlei Unterschied. Er sprach mit ihnen wie mit Brüdern, aber nach und nach betrachteten sie ihn als ihren Vater. Wenn er unter den Sträflingen eine Frau mit einem kleinen Kind auf dem Arm sah, trat er an sie heran, streichelte das Kind, schnalzte mit den Fingern, um es zum Lachen zu bringen. So hielt er es jahrelang, bis zu seinem Tod; es kam so weit, dass man ihn in ganz Russland und in ganz Sibirien kannte, das heißt, alle Sträflinge kannten ihn. Mir hat ein aus Sibirien Heimgekehrter erzählt, dass er Zeuge gewesen war, wie die verstocktesten Verbrecher des Generals gedacht hatten, dabei hatte der General, wenn er die Sträflingstrupps besuchte, nur selten mehr als zwanzig Kopeken pro Mann zu verschenken. Freilich, sie gedachten seiner kaum mit großer Hingabe oder gar mit tiefstem Ernst. Einer der »Unglücklichen«, der an die zwölf Menschen umgebracht und sechs Kinder abgeschlachtet hatte, einzig und allein zu seinem Vergnügen (das soll es geben), seufzte plötzlich, ohne jeden ersichtlichen Grund, irgendwann einmal, vielleicht nur ein einziges Mal in den ganzen zwanzig Jahren und sagte: »Wie wird es wohl dem alten General gehen? Ob der noch am Leben ist?« Vielleicht lächelte er sogar dabei – und das war alles. Aber woher wollen Sie wissen, welches Samenkorn dieser »alte General«, den er nach zwanzig Jahren noch nicht vergessen hatte, für ewig in seine Seele gesät hat? Woher wollen Sie wissen, Bachmutow, welche Bedeutung die Hinwendung einer Persönlichkeit zu einer anderen für das Schicksal dieser anderen haben wird …? Es ist doch ein ganzes Leben und eine unendliche Menge von Verzweigungen, die uns verborgen sind. Der beste Schachspieler, der scharfsinnigste von allen, kann nur einige Züge im Voraus übersehen; von einem französischen Spieler, der ganze zehn Züge voraussehen konnte, schrieb man wie von einem Wunder. Und wie viele Züge gibt es hier, und wie vieles ist uns unbekannt? Wenn Sie Ihr Saatkorn, wenn Sie Ihre »Wohltätigkeit«, wenn Sie Ihre gute Tat, in welcher Form auch immer, ausstreuen, geben Sie einen Teil Ihrer Persönlichkeit hin und nehmen einen Teil der anderen in sich auf. Sie kommunizieren miteinander; noch ein wenig mehr Achtsamkeit, und schon werden Sie belohnt mit Wissen, mit den überraschendsten Entdeckungen. Sie werden schließlich Ihre Sache wie eine Wissenschaft betrachten; sie wird Ihr ganzes Leben beanspruchen und Ihr ganzes Leben erfüllen. Andererseits werden alle Ihre Gedanken, die von Ihnen ausgestreute Saat, von Ihnen selbst vielleicht längst vergessen, Gestalt annehmen und emporwachsen; der von Ihnen Beschenkte wird sie seinem Nächsten weitergeben. Und woher wollen Sie wissen, welchen Anteil Sie an den künftigen Geschicken der Menschheit haben? Wenn aber ein Wissen und ein Leben, erfüllt von dieser Arbeit, Sie endlich auf eine solche Höhe emportragen, dass Sie imstande sind, eine gewaltige Saat auszusäen, der Welt einen gewaltigen Gedanken als Erbe zu hinterlassen …

Fjodor Dostojewskij (1821–1881), *Der Idiot*,
Frankfurt a.M. 2015, S. 585 ff.

LANDSCHAFTEN DER SEELE

Wovon unsere Seele sich nährt, das ist das Gedicht, in welchem wie im Sommerabendwind, der über die frischgemähten Wiesen streicht, zugleich ein Hauch von Tod und Leben zu uns herschwebt, eine Ahnung des Blühens, ein Schauder des Verwesens, ein Jetzt, ein Hier und zugleich ein Jenseits, ein ungeheures Jenseits. Jedes vollkommene Gedicht ist Ahnung und Gegenwart, Sehnsucht und Erfüllung zugleich. Ein Elfenleib ist es, durchsichtig wie die Luft, ein schlafloser Bote, den ein Zauberwort ganz erfüllt; den ein geheimnisvoller Auftrag durch die Luft treibt: und im Schweben entsaugt er den Wolken, den Sternen, den Wipfeln, den Lüften den tiefsten Hauch ihres Wesens, und der Zauberspruch aus seinem Munde tönt getreu und doch wirr, durchflochten mit den Geheimnissen der Wolken, der Sterne, der Wipfel, der Lüfte … Ein Augenblick kommt und drückt aus tausenden und tausenden seinesgleichen den Saft heraus, in die Höhle der Vergangenheit dringt er ein und den tausenden von dunklen erstarrten Augenblicken, aus denen sie aufgebaut ist, entquillt ihr ganzes Licht: was niemals da war, nie sich gab, jetzt ist es da, jetzt gibt es sich, ist Gegenwart, mehr als Gegenwart; was niemals zusammen war, jetzt ist es zugleich, ist es beisammen, schmilzt ineinander die Glut, den Glanz und das Leben. Die Landschaften der Seele sind wunderbarer als die Landschaften des gestirnten Himmels; nicht nur ihre Milchstraßen sind Tausende von Sternen, sondern ihre Schattenklüfte, ihre Dunkelheiten sind tausendfaches Leben, Leben, das lichtlos geworden ist durch sein Gedränge, erstickt durch seine Fülle. Und diese Abgründe, in denen das Leben sich selber verschlingt, kann ein Augenblick durchleuchten, entbinden, Milchstraßen aus ihnen machen. Und diese Augenblicke sind die Geburten der vollkommenen Gedichte, und die Möglichkeit vollkommener Gedichte ist ohne Grenzen wie die Möglichkeit solcher Augenblicke. Wie wenige gibt es dennoch, Clemens, wie sehr wenige. Aber dass ihrer überhaupt welche entstehen, ist es nicht wie ein Wunder? Dass es Zusammenstellungen von Worten gibt, aus welchen, wie der Funke aus dem geschlagenen dunklen Stein, die Landschaften der Seele herausbrechen, die unermesslich sind wie der gestirnte Himmel. Landschaften, die sich ausdehnen im Raum und in der Zeit, und deren Anblick abzuweiden in uns ein Sinn lebendig wird, der über alle Sinne ist.

Hugo von Hofmannsthal (1874–1929) aus:
»Das Gespräch über Gedichte«, in: *Brief des Lord Chandos. Erzählungen. Erfundene Gespräche und Briefe. Reisen.* Frankfurt a.M. 1979, S. 461–472.

WARTEN KÖNNEN

Das Warten-können ist so schwer, dass die größten Dichter es nicht verschmäht haben, das Nicht-warten-Können zum Motiv ihrer Dichtungen zu machen. So Shakespeare im Othello, Sophokles im Ajax: dessen Selbstmord ihm, wenn er nur einen Tag noch seine Empfindung hätte abkühlen lassen, nicht mehr nötig geschienen hätte, wie der Orakelspruch andeutet; wahrscheinlich würde er den schrecklichen Einflüsterungen der verletzten Eitelkeit ein Schnippchen geschlagen und zu sich gesprochen haben: Wer hat denn nicht schon, in meinem Falle, ein Schaf für einen Helden angesehen?

Ist es denn so etwas Ungeheures? Im Gegenteil, es ist nur etwas allgemein Menschliches: Ajax durfte sich dergestalt Trost zusprechen. Die Leidenschaft will nicht warten; das Tragische im Leben großer Männer liegt häufig nicht in ihrem Konflikte mit der Zeit und der Niedrigkeit ihrer Mitmenschen, sondern in ihrer Unfähigkeit, ein Jahr, zwei Jahre ihr Werk zu verschieben; sie können nicht warten.

Friedrich Nietzsche (1844–1900), *Menschliches, Allzumenschliches*. 2. Hauptstück, § 61: »Warten können«. München 1999.

HERKUNFT VOM GEIST

Auf der Welt lebt man, um in jeder Minute seine Herkunft vom Geist in Taten darzustellen; und das Material der Welt ist dazu da, um unseren Willen zu zwingen, im Durchbrechen des Raumwiderstandes, unter Flammenkatastrophen, jeden Augenblick des Lebens immer wieder von neuem als den ersten Tag unserer Geburt vom Geist aufscheinen zu lassen.

Ludwig Rubiner (1881–1920), »Homer und Monte Christo«, in: *Der Mensch in der Mitte*. Potsdam 1920, S. 47.

LEERE UND FÜLLE

Geh ich zeitig in die Leere,
Komm ich aus der Leere voll.
Wenn ich mit dem Nichts verkehre,
Weiß ich wieder, was ich soll.

Bertolt Brecht (1898–1956), »An R.«, *Werke*, Frankfurt a.M. 1997, Bd. 4, S. 402 f.

AUGENBLICK UND EWIGKEIT

Die Erfahrung der Ewigkeit hängt von der *Intensität* des subjektiven Erlebens ab und nicht von einer substantiellen Objektivität oder einem stetigen Zeitkontinuum. Das Eintreten in die Ewigkeit kann nur durch eine Transzendierung der Zeit vollzogen werden, indem man sich dem ununterbrochenen Verhältnis der Augenblicke untereinander entzieht. Es bedarf eines dramatischen und angespannten Ringens mit der Zeit, auf dass nach der Überwindung des Trugbilds der Aufeinanderfolge von Momenten nur das rasende Erleben des Augenblicks übrigbleibt, das sich geradewegs zur Ewigkeit emporschwingt. Auf welche Weise ermöglicht das absolute Leben im Augenblick den Zugang zur

Ewigkeit? Der Sinn für Werden und Zeit ergibt sich aus dem Gefühl der Unzulänglichkeit der Augenblicke, ihrer Relativität und ihrer Bedingtheiten. Jene, die ein ausgeprägtes Zeitbewusstsein haben, leben jeden Moment, indem sie an den folgenden, somit an Abfolge und Wandlung denken. Allein, die Ewigkeit wird nur durch die Ausschaltung der Beziehungen zugänglich, durch das absolute Leben im Augenblick. Jede Ewigkeitserfahrung birgt einen Sprung und eine Verklärung, weil eine derartige vorausgehende Spannung erforderlich ist, um zur heiteren Gelassenheit der Ewigkeitsbetrachtung zu finden, dass ihr nur wenige gewachsen sind. Bei dieser Kontemplation ist nicht ihre Dauer, sondern ihre Intensität wichtig … Wenn man das Leben meint, spricht man von *Augenblicken*, meint man die Ewigkeit, vom *Augenblick* … Die Hinneigung zur Ewigkeit gleicht einem Aufflug zum sommerlichen Himmel oder dem Aufschwingen zur Unscheinbarkeit eines Sternenschimmers. Himmelblau und Sternenlicht sind Sinnbilder der Ewigkeit …

E. M. Cioran (1911–1995), aus: *Auf den Gipfeln der Verzweiflung*, Frankfurt a.M. 1989, S. 89-91.

ANMERKUNGEN

1 Als das Meinungsforschungsinstitut Allensbach 2009 Deutsche befragte, was sie an ihrem Charakter ändern möchten, wünschten sich die meisten verzweifelt, sie wären gern »viel ruhiger«! Der Schriftsteller Sinclair Lewis hat schon 1922 das gehetzte Leben der modernen Gesellschaft erstaunlich kritisch geschildert. In dem Roman *Babbitt* (1922) lebt ein Immobilienmakler nach dem Prinzip des Zeitsparens, des »Immer-schneller«. Sein Leben wird von einer fieberhaften Hast ergriffen: »Männer, die im vorletzten Jahr 5.000 und im letzten Jahr 10.000 Dollar verdient hatten, trieben ihre zerrütteten Nerven und ihr erschöpftes Gehirn in voller Hast an, um dieses Jahr 20.000 Dollar herauszuschlagen ...« (Vgl. Ulrich Schnabel, *Muße*. München 2012, S. 33f.) Lewis' Roman schockierte seine Zeitgenossen – aber die von ihm beschriebene Entwicklung steigerte sich bis heute.

2 Eine rühmliche Ausnahme bildet: Karlheinz A. Geißler, *Lob der Pause*. München 2012.

3 Ebenda, S. 8.

4 *Wahrspruchworte (GA 40). Dornach 1998.*

5 Vgl. zum Thema »Verweilen« auch: Byung-Chul Han, *Duft der Zeit*. Ein philosophischer Essay zur Kunst des Verweilens. Bielefeld 2015, bes. S. 59–64: »Duftende Uhr, ein kurzer Exkurs ins alte China«.

6 Vgl. *Die Geheimwissenschaft im Umriss* (GA 13). Dornach 1989: »Besonders schwierig wird es dem Gegenwartsbewusstsein wohl, sich damit abzufinden, wenn auch noch gesagt werden muss, dass mit dem Saturnwärmezustand auch erst dasjenige auftritt, was man die ›Zeit‹ nennt. Die vorhergehenden Zustände sind nämlich

gar nicht zeitlich. Sie gehören derjenigen Region an, die man in der Geisteswissenschaft die ›Dauer‹ nennen kann.« (S. 170)

7 Seine durchschnittlichen Atemzüge (18 pro Minute x 60 Minuten x 24 Stunden) sind ca. 25.920 pro Tag. Im Kosmos haben wir die etwa gleiche Zahl als das »Platonische Weltenjahr«. Dies bedeutet, dass die Sonne diese Zeit braucht, bis der Frühlingsaufgangspunkt auf ihrer Wanderung durch den Tierkreis wieder an die gleiche Stelle gelangt. Teilt man das Weltenjahr (25.920 Jahre) durch 365, kommt man auf einen *Weltentag*, auf gut 70 Jahre, genau auf 70,63 Jahre. Das aber entspricht traditionell wiederum etwa einem Menschenleben! Das heißt ein *Menschenleben* entspricht einem *Weltentag*!

8 Die Phase des nachtodlichen Lebens entspricht dem *Pralaya* in der Weltenentwicklung!

9 Vgl. Rudolf Frieling/Erwin Schühle, *Christentum und Gnosis*. Stuttgart 1962, S. 34.

10 Eberhard Klemp, *Das Schöpfungs-Wort, Eine Übertragung aus Genesis Kapitel 1-9, nach dem Hebräischen*. Selbstverlag, Krefeld 1995.

11 *Die Sagen der Juden*. Frankfurt a.M. 1962, S. 35.

12 Erich Spier, *Der Sabbat*. Berlin 1989.

13 Thomas Mann, *Späte Erzählungen*. Frankfurt 1981, S. 339–408.

14 Dieses und die folgenden Zitate aus dem genannten Essay von Thomas Mann.

15 Hervorhebungen G. D.

16 Max Weber, *Die protestantische Ethik und der Geist des Protestantismus*. 1. Aufl. 1904/05, in: *Gesammelte Aufsätze zur Religionssoziologie*. Tübingen 1978, S. 204.

17 Die Vollendung der Welt in der Zukunft sieht das esoterische Judentum im »Weltensabbat«. Vgl. dazu: Günther Dellbrügger, *Gemeinschaft Gottes mit den Menschen*. Würzburg 1998, S. 263–266.

18 Vgl. zum Folgenden die große Biografie: Hans Müller-Wiedemann, *Karl König. Eine mitteleuropäische Biographie*. Stuttgart 2016.

19 Ebenda, S. 225.

20 Vgl. Rüdiger Safranski, *Zeit. Was sie mit uns macht und was wir mit ihr machen.* München 2015, S. 221–224.

21 Vgl. Dale Carnegie, *Sorge dich nicht - lebe.* München 2001, S. 265 und Frederick Taylor, *The Principles of Scientific Management.* London 1911, deutsch: *Die Grundsätze wissenschaftlicher Betriebsführung.* Paderborn 2011. (Diesen Hinweis verdanke ich Ursula Holms.)

22 Vgl. dazu Andreas Neider, *Der Mensch und das Geheimnis der Zeit. Zum Verständnis der Zeit im Werk Rudolf Steiners.* Stuttgart 2016.

23 Vgl. GA 246, Dornach 1988.

24 Ebenda, S. 245f.

25 Vgl. Hans Kessler, *Evolution und Schöpfung in neuer Sicht.* Kevelaer 2009.

26 Vgl. Art. »Schöpfung« in *Lexikon für Theologie und Kirche.* Freiburg 2006, Bd. 9, Sp. 216-239, bes. Sp. 235.

27 *Geisteswissenschaftliche Menschenkunde* (GA 107). Vortrag vom 17.6.1909. Dornach ^{5}1988.

28 Viktor Frankl, … *trotzdem Ja zum Leben sagen. Ein Psychologe erlebt das Konzentrationslager.* München 1997

29 Vgl. George G. Ritchie, *Rückkehr von morgen, Marburg,* o.J., S. 91 f. Vgl. dazu G. Dellbrügger, *Ein Schlüssel zur inneren Biografie.* Stuttgart, ^{2}2014, Kap. »Mitleid wird zu Freiheit«, S. 39-44.

30 Vgl. dazu: G. Dellbrügger, »Der da war, Der da ist, Der da kommt«, in: Johannes Lauten (Hrsg.), *Ich sah den Himmel aufgetan.* Stuttgart 2006, S. 107–128.

31 Brief an Emanuel von Bodman vom 17. August 1901. Zitiert nach: Rainer Maria Rilke, *Vom Alleinsein.* Frankfurt a.M. 1992, S. 122 f.

32 *Okkulte Untersuchungen über das Leben zwischen Tod und neuer Geburt* (GA 140). Ende des Vortrages vom 3.11.1912. Dornach 1988.

33 Titel eines Buches von Karl Steinbuch (1917–2005), Informatiker: *Maßlos informiert. Die Enteignung unseres Denkens.* München 1978.

34 G. W. F. Hegel, Vorrede zur Phänomenologie des Geistes, Hamburg 1952, S. 29 f.

35 1829 gelang es Haas, den Moskauer Generalgouverneur dazu zu bewegen, die schweren Fußketten durch die leichteren »Haas'schen Fußketten« zu ersetzen!

36 Fjodor Dostojewskij, *Der Idiot*, Frankfurt a.M. 2015, 3. Teil, Kap. VI, S. 586.

37 So der Titel des Buches von Rafael Ball, *Die pausenlose Gesellschaft. Fluch und Segen der digitalen Permanenz.* München 2014.

38 Vgl. dazu das Vorwort von Frank Schirrmacher zu: Nicholas Carr, *Wer bin ich, wenn ich online bin … und was macht mein Gehirn so lange? Wie das Internet unser Denken verändert.* München 2010, S. 9–13.

39 So schon der Politiker und Historiker Ernst Moritz Arndt (1769-1860): »Was damals 1780/90 im Schritt ging, das geht jetzt im Galopp. Die Zeit ist auf der Flucht.« (Zit. nach: Wolfgang Kaempfer, *Die Zeit und die Uhren.* Frankfurt a.M. und Leipzig, 1991, S. 128).

40 *Esoterische Betrachtungen karmischer Zusammenhänge*, Bd. 2 (GA 236). Vortrag vom 4. Juni 1924. Dornach ^{6}1988.

41 Peter Handke, *Gedicht an die Dauer.* Frankfurt a.M. ^{6}2013.

42 Bazon Brock, *Der Barbar als Kulturheld.* Köln 2002. Brock, eigentlicher Vorname: Jürgen Johannes Hermann, übernahm 2014 die erste Professur für Prophetie an der HBKsaar Saarbrücken.

43 a.a.O., siehe Anm. 37.

44 1952 bzw. 1956 entstanden, Manuskriptdruck.

45 Rudolf Steiner, *Mantrische Sprüche. Seelenübungen II* (GA 268). Dornach 1999, S. 179.

46 Erhart Kästner, *Die Stundentrommel vom heiligen Berg Athos.* Frankfurt a.M. 1974.

47 Ernst Friedrich Schumacher (1911–1977) veröffentlichte schon

1973 *Small is beautiful*, das zu einem Kultbuch wurde. Deutsche Ausgabe: *Small is beautiful – Die Rückkehr zum menschlichen Maß*. München 2013.

48 Heute umfasst sie 1.300 lokale Organisationen mit 100.000 Mitgliedern in 53 Ländern!

49 National Geographic, December 2013, S. 30–59. Aktuelles unter www.outofedenwalk.nationalgeographic.com

50 C. Christopher Smith/John Pattison, *Slow Church. Cultivating Community in the Patient Way of Jesus*. Downers Grove, Illinois 2014.

51 In Anknüpfung an den christlichen Theologen Origenes (185-253/254).

52 Juan Ramón Jiménez (1881-1958), *Herz, stirb oder singe*. Zürich 1977, S. 66 f. Jiménez erhielt 1956 den Nobelpreis für Literatur.

53 Max Picard, *Die Welt des Schweigens*. Erlenbach/Zürich und Stuttgart, 1948, S. 11 f.

54 Geburtstagsinterview mit Peter Handke anlässlich seines 70. Geburtstages am 6. Dezember 2012 (Süddeutsche Zeitung).

55 1919 hatte bereits der dem Dadaismus nahestehende Komponist Erwin Schulhoff »Fünf Pittoresken« komponiert, die ausschließlich aus Pausen bestehen. Er gab dem Werk den interessanten Titel »In futurum«.

56 Zit. nach: Stephan Mögle-Stadel, *Dag Hammarskjöld*. Stuttgart 2000, S. 128 f.

57 Michael Ende (1929-1995), *Momo*. Stuttgart 2013.

58 Vgl. zum Folgenden: Andrej Tarkowskij, *Die versiegelte Zeit. Gedanken zur Kunst, zur Ästhetik und Poetik des Films*. Berlin und Frankfurt a.M. 1985.

59 Ebenda, S. 10.

60 Ebenda, S. 9.

61 Ebenda, S. 10.

62 Hans-Dieter Jünger, *Kunst der Zeit und des Erinnerns*. Ostfildern 1995, S. 8.

63 Vgl. dazu die Untersuchung von Julia Selg, *Andrej Tarkowskij und die Gegenwart der alten Meister.* Stuttgart 2009.

64 Vgl. Hans-Dieter Jünger, a.a.O., S. 112.

65 Andrej Tarkowskij, a.a.O., S. 63 f. Wenige Wochen vor seinem Tod äußerte Tarkowskij den Wunsch, einen Film über »Steiners Evangelium« zu drehen. Damit sind vermutlich Steiners Ausführungen zum »Fünften Evangelium« (GA 148) gemeint.

66 Ebenda, S. 138.

67 Ebenda, S. 225.

68 Ebenda, S. 72 und S. 251.

69 Vance Packard, *Die geheimen Verführer. Der Griff nach dem Unbewussten in jedermann.* Düsseldorf 1958.

70 Zit. nach Hilde Domin, *Wozu Lyrik heute.* Frankfurt a.M. 2005, S. 64.

71 Ebenda, S. 60.

72 Ebenda, S. 83.

73 Rette uns aus dem Rachen des Löwen.

74 Hilde Domin, *Gesammelte Gedichte.* Frankfurt a.M. 2004, S. 240.

75 *Die sterbende Zeit. Zwanzig Diagnosen.* Hrsg. von Dietmar Kamper und Christoph Wulf, Darmstadt und Neuwied 1987.

76 Ebenda, S. 249-258.

77 Vgl. Iris Radisch, *Die letzten Dinge. Lebensendgespräche.* Reinbeck 2015. Mit Imre Kertész: S. 225–238, bes. S. 236.

78 Simone Weil, *Cahiers – Aufzeichnungen*, Bd. 4. München 1998.

79 Bernulf Kanitscheider, »Vom Anfang und Ende der Zeit«. In: *Am Fluss des Heraklit.* Hrsg. von Eberhard Sens, Frankfurt a.M. 1993, S. 131ff. Kanitscheider ist Prof. für Geschichte der Naturwissenschaften; vgl. Rüdiger Safranski, *Zeit*, a.a.O., Kap. Weltraumzeit, S. 154–173. So auch John Archibald Wheeler: »Die Materie hat also einen Anfang und ein Ende. Die Raumzeit ebenfalls. Zeit selbst hat einen Anfang und ein Ende.« In: J.A.W., *Jenseits aller Zeitlichkeit.* In: *Die Zeit. Dauer und Augenblick.* München 1989 (Ver-

öffentlichungen der Carl Friedrich von Siemens Stiftung, Bd. 1), S. 17–34, Zitat: S. 31.

80 Zit. nach: Safranski, a.a.O., S. 154. Wir lassen an dieser Stelle offen, ob man den Begriff »Ereignis« nicht auch ganz anders verstehen könnte.

81 Kanitscheider, a.a.O., S. 155.

82 Vgl. Rudolf Steiner, *Wie erlangt man Erkenntnisse der höheren Welten* (GA 10). Vorwort zur ersten Buchausgabe 1909. Dornach [24]1993.

83 Vgl. Duden, Das Herkunftswörterbuch, 4. Auflage, Mannheim 2006, S. 791.

84 Weiterführend zum Thema: Wolfgang Held, *Vier Minuten Sternenzeit*. Stuttgart 2010; Wilhelm Hoerner, *Zeit und Rhythmus*, Stuttgart, 5. Aufl. 2006; *Was ist Zeit?* Hrsg. v. Georg Kniebe. Stuttgart 2000. Andreas Neider, a.a.O., Stuttgart 2016.

DANK

Maren Glockmann danke ich für kritisch-konstruktive Hilfe und fruchtbare Anregungen; Professor Gerhart Darmstadt für die großzügige Geste, sein reiches Material zum Thema Pause zur Verfügung zu stellen; Sylvia Aulinger und Markus Holland für die gründliche und zuverlässige Erfassung und Gestaltung des Textes.